47都道府県が記憶にのこる！

日本ちず大ぼうけん

筑波大学附属小学校教諭　梅澤真一　監修

小学校低学年

朝日新聞出版

もくじ

この本の見かた

地方のしょうかいページ

日本の8つの地方についてくわしくしょうかいするよ。
地方によって有名なお祭りや名産品のとくちょうなど、ちがいを見つけてみてね。

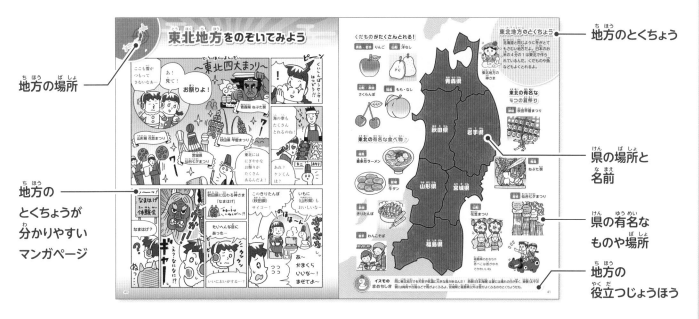

地方の場所

地方のとくちょうが分かりやすいマンガページ

地方のとくちょう

県の場所と名前

県の有名なものや場所

地方の役立つじょうほう

47都道府県の解説ページ

日本全国の都道府県について、その土地のきょう土料理や有名な場所、世界遺産などをしょうかいするよ。

★…都道府県庁のある場所　●…主な市町村　◆…島

県の場所　　県の名前　　住んでる人の数

生産量の全国ランキング

世界遺産のマーク

県の有名なものや場所

楽しく学べるクイズ

めいろやクイズ、絵さがしなどの問題をといてみよう！　都道府県について勉強したことをおぼえているか、チェックできるよ。

都道府県のおさらいクイズ

絵さがし

※都道府県データは統計局と農林水産省の最新データにもとづいています。

【おうちの方へ】　この本で出てくる神様のキャラクターは、日本地図を楽しみながら勉強するために設定されたもので、各都道府県の県民性を代表するものではありません。ご了承ください。

47都道府県をおぼえよう！ 日本ちず

日本は8つの地方に分かれているよ。
★は47都道府県庁のある場所だよ！

三重県
★津市

伊賀
ニンジャ

滋賀県
★大津市

信楽焼

京都府
★京都市

宇治茶

兵庫県
★神戸市

播州
そろばん

奈良県
★奈良市

シカ

和歌山県
★和歌山市
うめ

鳥取県
★鳥取市

マツバガニ

島根県
★松江市

ドジョウ
すくい

岡山県
★岡山市

もも太郎

広島県
★広島市

しゃもじ

山口県
★山口市

フグ

香川県
★高松市

さぬき
うどん

徳島県
★徳島市

すだち

高知県
★高知市

カツオ

愛媛県
★松山市

みかん

福岡県
★福岡市

カラシ
明太子

佐賀県
★佐賀市

ムツゴロウ

長崎県
★長崎市

びわ

熊本県
★熊本市

スイカ

大分県
★大分市

別府
おんせん

宮崎県
★宮崎市
マンゴー

鹿児島県
★鹿児島市
サツマイモ

沖縄県
★那覇市

パイナップル

石川県
富山県
京都府
福井県
大阪府
鳥取県
岐阜県
島根県
愛知県
中国地方
岡山県
兵庫県
広島県
香川県
三重県
山口県
福岡県
愛媛県
滋賀県
佐賀県
和歌山県
高知県
奈良県
大分県
徳島県
近畿地方
宮崎県
四国地方
長崎県
熊本県
九州・沖縄地方
鹿児島県

沖縄県

4

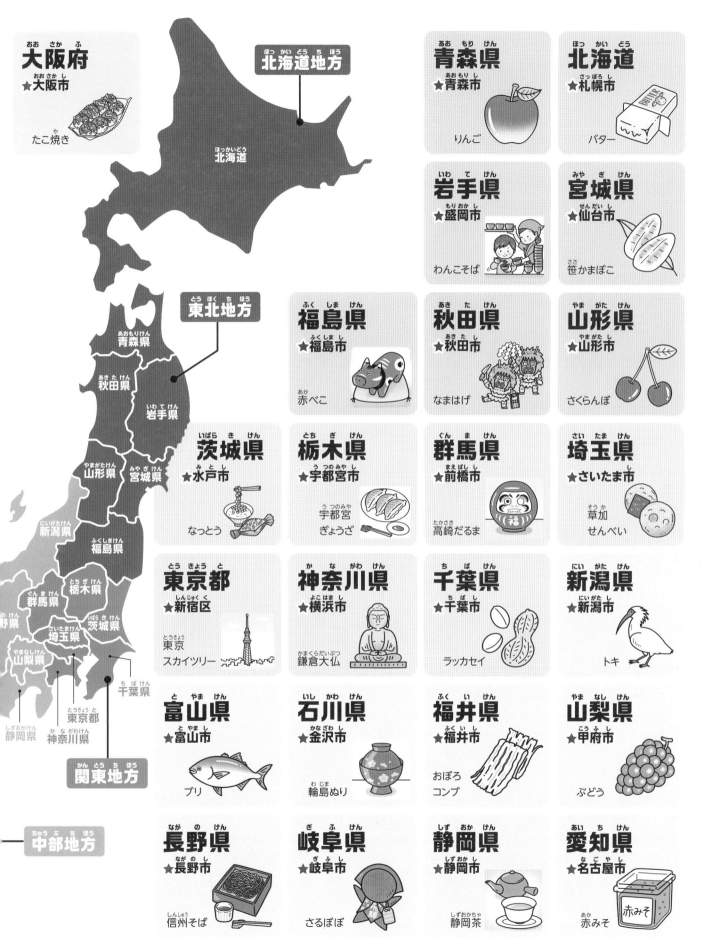

大阪府
★大阪市
たこ焼き

北海道地方
北海道

東北地方

関東地方

中部地方

青森県
秋田県
岩手県
山形県
宮城県
新潟県
福島県
群馬県
栃木県
茨城県
埼玉県
山梨県
千葉県
静岡県
東京都
神奈川県

青森県
★青森市
りんご

北海道
★札幌市
バター

岩手県
★盛岡市
わんこそば

宮城県
★仙台市
笹かまぼこ

福島県
★福島市
赤べこ

秋田県
★秋田市
なまはげ

山形県
★山形市
さくらんぼ

茨城県
★水戸市
なっとう

栃木県
★宇都宮市
宇都宮
ぎょうざ

群馬県
★前橋市
高崎だるま

埼玉県
★さいたま市
草加
せんべい

東京都
★新宿区
東京
スカイツリー

神奈川県
★横浜市
鎌倉大仏

千葉県
★千葉市
ラッカセイ

新潟県
★新潟市
トキ

富山県
★富山市
ブリ

石川県
★金沢市
輪島ぬり

福井県
★福井市
おぼろ
コンブ

山梨県
★甲府市
ぶどう

長野県
★長野市
信州そば

岐阜県
★岐阜市
さるぼぼ

静岡県
★静岡市
静岡茶

愛知県
★名古屋市
赤みそ

5

日本ちず大ぼうけんがはじまる!

たいへんだ…

オロロヘン

このままじゃ全国の神さまのお祭り「神フェス」が開さいできないよ〜

神の使い
白ヘビのイズモ

集まってくれた8人の地方の神さまが帰ってしまった…

にてる…

「神フェス」…？

そうだ！
ねえきみたち

とくべつに「神フェス」に招待するから…

神さまとか
神フェスとか
どういうこと…？

地方の神さまたちにもどって来てもらうのを手伝ってくれない？

ひとりだとたいへんだし…

えっ!?

もとはといえばオナラのせいだし…

ムム

わかった！ぼくたちが8人の地方の神さまたちを連れて帰るよ！

ありがとう…

ねえ！
もっとくわしく教えて！

※・イメージ

神★フェス！！

「神フェス」は
全国の神さまが集まる
とくべつなお祭りで

イェーイ！

神

見たこともないおどりやうた、
世にもめずらしいごちそうが
ふるまわれるんだ！

どんなごうかなお祭りなん
だろう…楽しみ〜！

うっとり…

これが
招待状だよ

あれ？ところどころ
虫くいになって
いるけど…

地方の神さまが出す
クイズにぜんぶ答えると
招待状が完成するんだ！

だから8人の地方の
神さまを見つける
だけでなくて

クイズもクリア
しないと
「神フェス」に
参加できない
んだけど…

だい
じょうぶ！
ナゾナゾや
クイズは、
ぼくら
大好きだよ！

Q

全国を回るってことは、
いろんな食べ物や
すてきな場所が
見られるんでしょ？

まずどこに
行く〜？

ガイド ブック

コゴォォォォ

す、すごいやる気だ…!!
たのもしい…

あ！

気合い
いれたら
またオナラが
出そう…！

も〜
おにいちゃん！

早くトイレ
行って〜！

神フェスへの招待状

イズモからもらった神フェスの招待状が、虫くいになっていて読めない!?
8つの地方の「おさらいクイズ」に出てくるパズルに答えて、招待状を完成させよう!

日本じゅうのおいしい食べ物や、めずらしいイベントが楽しめる神さまのお祭り

「神フェス」が開さい!

雪がたくさんふる北海道地方は、 ⭐1 ⭐2 から作るバターや牛乳が有名で、

東北地方では東北四大 ⭐3 ⭐4 ⭐5 がもりあがるよ。

「見ザル聞かザル言わザル」で知られる3びきの ⭐6 ⭐7 がいるのは関東地方。

中部地方は、ス ⭐8 ⭐9 やホタル ⭐8 ⭐9 がよくとれるんだ!

近畿地方には日本一大きな湖 ⭐10 ⭐11 ⭐12 があって、

中国地方には、昔ばなしの ⭐13 ⭐14 太郎伝説がのこっているよ。

コシが強いさぬき ⭐15 ⭐16 ⭐17 やオリーブがある四国地方、

⭐18 ⭐19 ⭐20 ⭐21 の神さまがいる太宰府天満宮のある九州・沖縄地方など、

日本にはすばらしい食べ物や場所がたくさんあるんだ!

日本全国の神さまがあつまる「神フェス」で、

いろんな神さまと友だちになろう!

▶ 答えはすべてひらがなでかいてね！

北海道地方 39 ページ

1	2

東北地方 49 ページ

3	4	5

関東地方 61 ページ
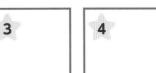

6	7

中部地方 73 ページ

8	9

近畿地方 85 ページ

10	11	12

中国地方 95 ページ

13	14

四国地方 105 ページ

15	16	17

九州・沖縄地方 117 ページ

18	19	20	21

▶ 答えは127ページ

地図の3つのひみつを知ってる？

神さまをさがすのは
いいけど

日本全国

どうやって
回ればいいの？

お金もないし
…

たしかに
…

それなら
これを使って！

「ヘビヘビブレスレット！」

！？

これはぼくのウロコから作られた
まほうのブレスレット！

関東地方に行くぞ！

ワープ
成功!!

これをつければ
全国どこにでも
行けるんだ！

でも…

じゃあ
これがあれば
楽勝じゃ…？

あ！
ちょっと
待って…

カチッ

ピカッ！

うわあああ

おにいちゃん！

13

サーモン

イクラ

カニ

メロン

札幌ラーメン

ソフトクリーム

おにいちゃん…

ミミ…

がんばりましょ…

ああ！

次のページから
「地図のひみつへん」
スタート！

15

東西南北をおぼえよう

まず地図には方向を表す「方位」があってそれが「東」「西」「南」「北」の4つなんだ！

こちらに注目！！

それぞれの方角を表しているのね！

北
西 ← 東
南

次に、日本でいちばん「北」にある北海道の地名をよーく見てみると…

北海道

あ！「北」が名前についてる！

そうなんだ！！このように地名の由来にも「東西南北」は関係しているんだ

関西 ≈

東北

関東

方角はどうやって調べればいいの？

コンパス（方位じしゃく）を使えばかならず方角がわかるよ！

そういえば

おじいちゃんは太陽で方角がわかるって言ってたような…

その通り！

西　東

太陽が出てくる方角が「東」、反対に太陽がしずむ方角が「西」と決まってるんだ！

え？ じゃあぼくも目がさめるとねる前と反対になってるのも…

ごくり…

それは単にねぞうが悪いだけでは…

▶ 方向を表す基本の４つの方位を知ろう

日本だけでなく、世界で共通の「方位」は、東・西・南・北の４つに分かれているよ。
日本では北海道、東北、関東など地方の名前にも方位が使われているんだよ。

コンパス（方位じしゃく）

コンパス（方位じしゃく）は赤色のはりが、かならず北を指すんだ。とても遠い北極地方のじ力を受けて、コンパスは動いているんだよ。

コンパスがあれば自分が今いる位置「方位」と、すすみたい場所の方向がわかるんだね。

北海道
東北
関西
関東

日本の地方の名前や、よび方にも方位が入っているんだね！

▶ 太陽の位置で、東西南北がわかるよ

太陽はかならず同じ方向からのぼって、しずんでいくんだ。
太陽の場所を時間でかくにんすると、どの方向が東西南北かわかるよ。

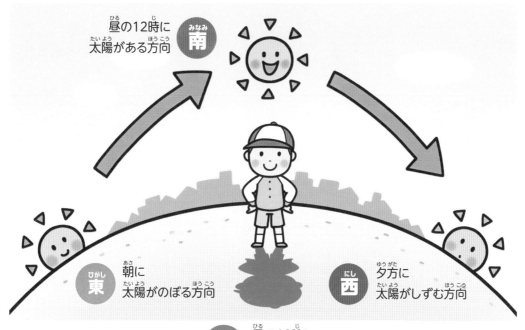

昼の12時に
南
太陽がある方向

東 朝に太陽がのぼる方向

西 夕方に太陽がしずむ方向

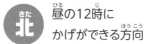

北 昼の12時にかげができる方向

まちではたらく人とメモをさがそう！

イズモが地図のひみつが書いてあるメモを落としちゃった！　右ページの中からまちではたらく6人をさがしてね。その中のひとりが、メモを持っているよ。それはだれかな？

パン屋さん

南のほうにある小学校にパンを届けに行くところだよ！　白いヘビさんには会わなかったよ。

おまわりさん

北にある交番にいるよ。そういえばさっき落としものを届けてもらったけどだれのものかな……？

やおやさん

今日はお店がお休みだから、北から東に向かってお散歩しているんだ。近くに交番があるよ。

交通ゆうどう員さん

南で交通整理をしてるよ！　近くで子どもたちが遊んでいるから気を付けないと……。

お花屋さん

わたしのお店は西にあって、今から北のほうにあるカフェにお花を届けに行くの。

美ようしさん

今はお店の休けい時間。公園を通って南にあるバスのりばに向かって歩いているよ。

メモを持っているのは　☐　さん

空からまちを見てみよう！

▶ まちを空から見た景色が、地図になっているよ

自分の住んでいるまち、道路や建物が、どこにあるかが一目でわかるのが地図だよ。
鳥から見た景色をそのまま地図にしたら、どんなふうになるのかな？

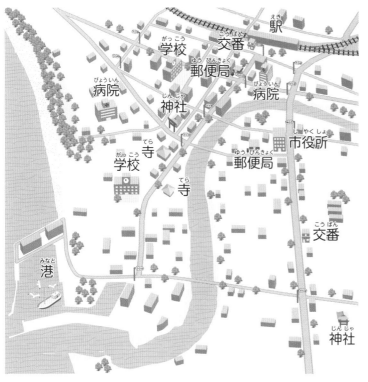

◀ 鳥から見たまち

鳥みたいに空を飛んで
ぼくらのまちを見下ろす
と、こんなふうに見えて
いるんだね。

まちにある建物や道
路が、小さくなって見
やすいよね！

◀ まちが地図になったよ!

神社やお寺、学校や駅などの建物がどこにあるかだけ
でなく、道路などまではっきりわかるね。

実際は、家から学校までのキョリは500メートル
だけど、この地図では12ミリにちぢめて表して
いるんだ。

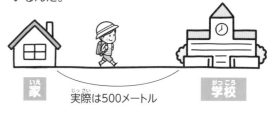

実際は500メートル

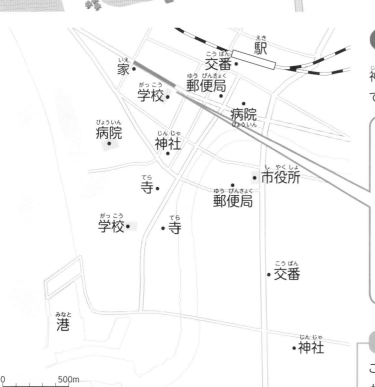

スケールバー

これはスケールバーといって、この地図が実際のキョリ
からどのぐらいちぢめているかがわかるものだよ。

▶ 自分の家のまわりに何があるか見てみよう

まちの中には建物や道路、川などいろいろなものがあるよ。
みほんの地図を見て、自分の家のまわりをかいてみよう。地図記号も使ってみてね！

みほん

地図記号を使ってみてね！

地図記号は道路や施設などを地図上でわかりやすく表せるよ。地図をかくときに使ってみよう！

地図記号の例

交番	図書館	消防署	工場
X	📖	Y	☼
病院	小・中学校	郵便局	神社
🞧	文	⊖	🎎

みほんと同じように自分の家の近くの地図をかいてみよう

まちの中にかくれたイズモをさがせ！

かんたん

まちの中に、イズモがかくれているから探してね。
まちの中には車が走る大きな道路やお店など、いろいろな建物や道があるよ。

▶答えは**122**ページ

23

地図で山の高さがわかる！

ケンくんもミミちゃんも地図のひみつがわかってきたね！

でしょ～！もうブレスレット使えるんじゃない？

いや、まだ使わせるわけにはいかない…

最後のレッスン開始じゃ！！

ドド

ドド

な、なんだって～!!

たのしそう…

みんなノリノリだな…

地図のこの線なんだと思う？

なんだかフニャフニャした線ね…

グルグルしてて目が回る～

ぐるぐる～

200

100

100

これは「等高線」といって山の高さや谷の深さを表しているよ！

色分けによって高さをわかりやすくしているんだ！

…ってなんでバウムクーヘン？

等高線のグルグルがバウムクーヘンに見えてきて、つい…

イズモさまもどうぞ～

▶ 等高線を見ると山の形と高さがわかるよ

地図の中で山は「等高線」とよばれる線で表されているんだ。山の高さや谷の深さ、山がいくつあるかも一目でわかるんだよ。

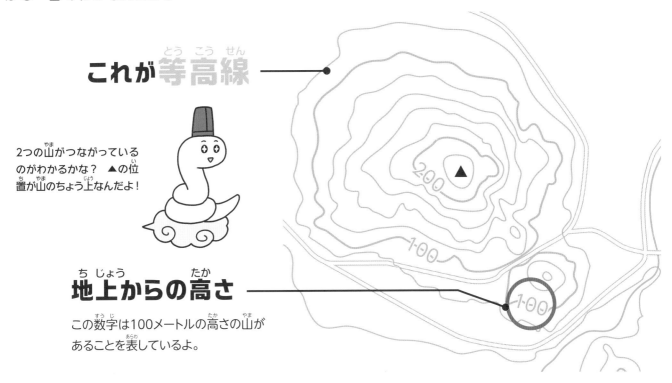

これが等高線

2つの山がつながっているのがわかるかな？ ▲の位置が山のちょう上なんだよ！

地上からの高さ

この数字は100メートルの高さの山があることを表しているよ。

▼ 横から見た山の形

等高線の間がせまいAからBは坂が急になっていて、間の広いBからCは坂がゆるやかなのがわかるね。等高線に真っ直ぐな線を引き、それぞれの高さに印をつけて結ぶと「断面図」が書けるよ。同じ高さで色を分けるともっとわかりやすくなるんだ。

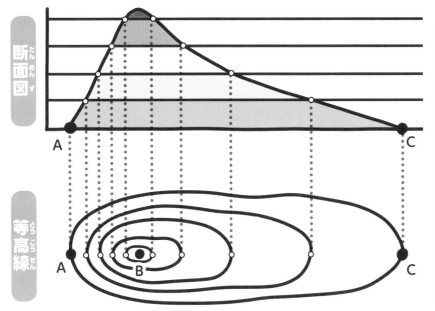

断面図

等高線

\やってみよう！/

山の高さごとに色をぬろう

みほん

色えんぴつを使って上のみほんと同じように、左の等高線に色をぬってみよう！同じ高さの場所がわかるよ。

25

正しい等高線はどれかな？

断面図の山と、同じ等高線を5つの中からさがそう。
山をよくかんさつして、山と谷の大きさや、色の数をくらべてみよう！

この山の等高線を
表したものはどれかな？

▶答えは122ページ

26

断面図と同じ山の等高線はどれかな？

横から見た山と同じ等高線を見つけて、それぞれ線で結ぼう。
色のぬり分けや、山の数、位置などをよくかんさつしてね。

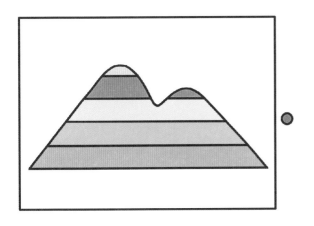
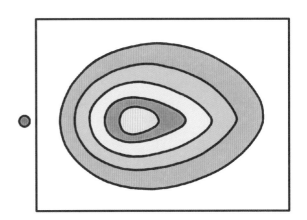
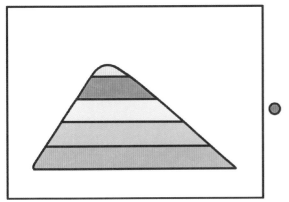
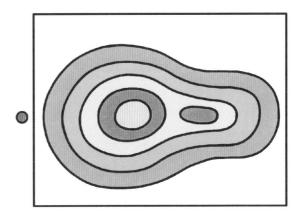
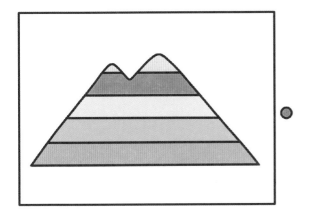
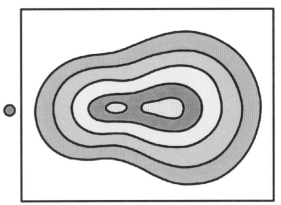

▶答えは122ページ

27

47都道府県へ いざ出発だ!

ヘビヘビブレスレットには
ワープ機能以外にも

ブォーンッ

えいぞうを
うつしたり

わ！

衣しょうチェンジ
機能があるよ！

さむくても 安心!!

すごい！

これでどの県にもすぐに行けるね！
さてどこからさがそうか…

ムム…

ごはんが
おいしいところ!!

どこもおいしいよ!!

わ、わかった！
日本の一番北、北海道から回ろう！

こま犬ブラザーズはのこって
「神フェス」のじゅんびよろしく！

かならず神さまたちを
連れもどしてくるからね！

はい！

おみやげ
まってます！

したく
してくるね〜

北海道

👤 住んでいる人の数：約528万人

全国 1位 バター

にしんそば

ウニ

タコ

全国 1位 紅ズワイガニ

北海道地方の神さま

北海道地方のとくちょう

日本のいちばん北にある北海道は、まわりを海にかこまれているんだ。日本一面積が大きい都道府県で、自然がたくさんあるんだよ。

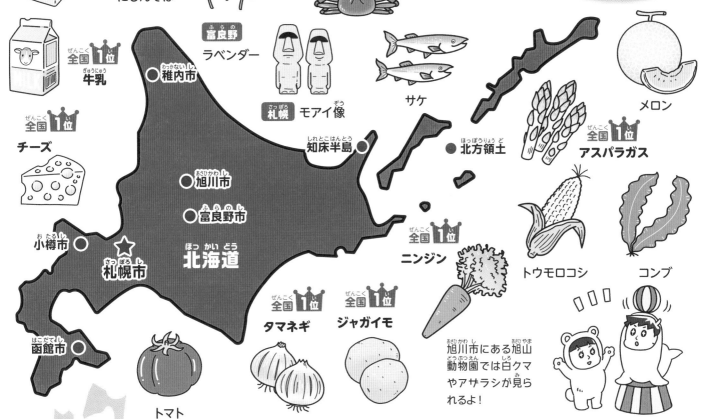

全国 1位 牛乳

富良野 ラベンダー

札幌 モアイ像

サケ

メロン

全国 1位 チーズ

稚内市

知床半島

北方領土

全国 1位 アスパラガス

旭川市

富良野市

全国 1位 ニンジン

トウモロコシ

コンブ

小樽市

★ 札幌市

北海道

函館市

トマト

全国 1位 タマネギ

全国 1位 ジャガイモ

旭川市にある旭山動物園では白クマやアザラシが見られるよ！

五稜郭公園

函館市の五稜郭は江戸時代につくられたおしろのあと地。空から見ると星の形をしているのがとくちょうだよ。今は、五稜郭タワーがかんこう地として人気だよ。

宗谷岬

稚内市の宗谷岬は日本のいちばん北の場所。ここは日本最北たんの地とよばれ、かんこう名所になっているよ。真冬の海には流氷がういているのが見えるよ。

さっぽろ雪まつり

毎年2月に札幌市で行われるお祭りだよ。たくさんの雪と氷で作られた雪像を見るために、世界中からかんこう客が来るんだ。ソリで遊べるなど雪国を楽しめるよ。

イズモのまめちしき 知床半島は冬になると大きな氷のかたまり「流氷」が流れてくるよ。2005年には世界自然遺産にも登録された、めずらしい景色が見える場所なんだ！

北海道の名産品を見つけよう

やさいや、くだものなどがたくさん売られている、北海道の市場に来たよ。市場にならんだ商品の中から、北海道の名産品を見つけて〇でかこもう。全部で14種類あるよ！

▶答えは122ページ

かんたん

しりとりで神さまがいるゴールをめざそう！

イラストをヒントに、しりとりで北海道地方の神さまがいるゴールをめざしてね。
「ぶ」や「ぷ」などは、音に「¨」や「°」を取った音（「ふ」）でもすすめるよ！

どこかな〜？

スタート

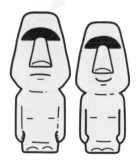

札幌市南区にある
おはかにある像だよ。
外国のイースター島にも
同じ像があるんだ。

北海道でたくさんとれる赤いやさい。
オムライスにかける
ケチャップの材料だよ。

土の中で育つ
かたいやさいだよ。
このやさいをうすく切って
油であげると
ポテトチップスになるよ。

ひげの生えている
黄色いやさい。
ポップコーンの
もとになるんだ。

海の中にいる黄色くて高級な食べ物。
外は黒くて、ハリネズミのように
トゲが生えているよ。

☐☐

パンやクッキーにも使われる
黄色い食べ物で、チーズの仲間だよ。
牛乳から作られるよ。

☐☐☐

北海道で昔から
食べられている
料理のひとつだよ。
温かいおつゆの中に
そばとあまくにた魚が
入っているよ。

☐☐☐☐☐

北海道でよくとれる、
イカとよくにた
海の生き物だよ。
赤いからだと
きゅうばんのついた
8本足がとくちょうだよ。

☐☐

ワカメと同じ
海そうの仲間で、
ダシをとったりするよ。
北海道のまわりの
海でたくさんとれるんだ。

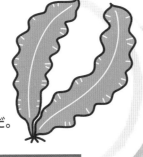

☐☐☐

ゴール

きれいなむらさき色の
ラベンダー畑が有名な
北海道の地名だよ。
北海道のほぼ中心にあって
スキー場もあるんだ。

☐☐☐

▶答えは122ページ

きみは何問とけるかな？
北海道地方おさらいクイズ

神さまから、北海道地方のクイズが出されたよ！ ①〜⑧の答えを、右ページのマスの中にひらがなで書こう。
たて は上から下へ、よこ は左から右へ書くよ。答えはすべてひらがなで書いてね。

❶ 日本のいちばん北にある
都道府県はどこ？

たて

❷ 切るとなみだが出てくる、
北海道でたくさんとれる
やさいは何？

よこ

❸ 「きゅうしょく」の中にかくれている
北海道で有名な動物は何？

よこ

❹ 札幌の冬の有名な
お祭りは何？

たて

❺ 函館市にある五稜郭は
どんな形をしている？

たて

❻ 北海道の
道庁所在地はどこ？

たて ｜ ｜ ｜ ｜市

❼ パンやホットケーキにぬるとおいしい、
牛乳から作られる
黄色い食べ物は何？

たて

❽ 日本のいちばん北にある有名な
動物園がある市の名前は？

よこ ｜ ｜ ｜ ｜市

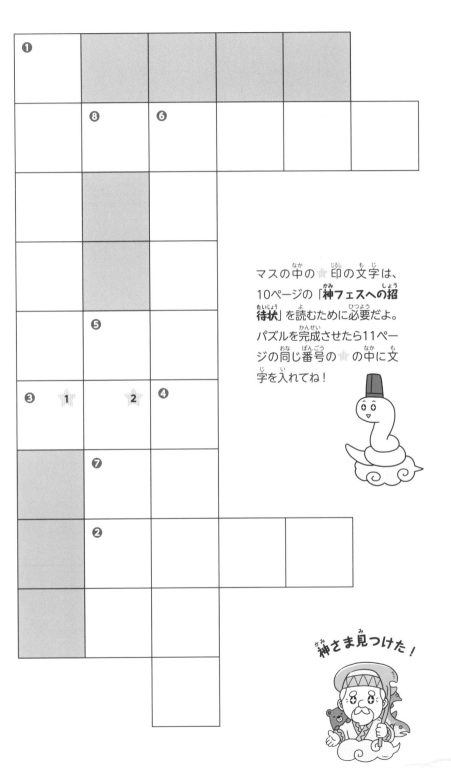

マスの中の★印の文字は、10ページの「神フェスへの招待状」を読むために必要だよ。パズルを完成させたら11ページの同じ番号の★の中に文字を入れてね!

神さま見つけた!

▶答えは126ページ

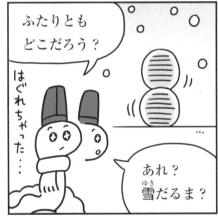

ここも雪が つもって さむいなあ…

あ！見て！

お祭りよ！

～東北四大まつり～

青森県 ねぶた祭

山形県 花笠まつり

秋田県 竿燈まつり

宮城県 仙台七夕まつり

東北には にぎやかな お祭りが たくさん あるんだよ！

ピーーン

！

くいしんぼうセンサーはつどう！！

海の幸も たくさん とれるのね！

いらっしゃい！

カニ　ホタテ

あれ？ケンくんは？

キャーーッ！

なまはげ 体験会

なまはげ？

ウガァー！！ギャー！

え？なになに!?

ぬっ…

秋田県に伝わる神さま 「なまはげ」

わるい子はいねぇが～!!

たいへんな目にあった…

ゼーゼー

いいにおいがする…？

このきりたんぽ（秋田県）サイコー！

いもに（山形県）もおいしいな～

のほほ～ん

ポカポカ

つつつ

あ～ かまくらいいな～！ まぜてよ～

くだものがたくさんとれる！

青森・岩手 りんご

山形 洋なし

山形・秋田 さくらんぼ

福島 もも・なし

東北の有名な食べ物♪

福島 喜多方ラーメン

宮城 牛タン

秋田 きりたんぽ

岩手 わんこそば

東北地方のとくちょう

北海道と同じように冬がとてもさむい地方だよ。日本のお米の4分の1は東北で作られているんだ。くだものや魚などもよくとれるよ。

東北地方の神さま

東北の有名な4つの夏祭り

秋田 秋田竿燈まつり

青森 ねぶた祭

宮城 仙台七夕まつり

山形 花笠まつり

福島県のおもちゃ赤べこは首がゆれてかわいいね

県名

青森県
秋田県
岩手県
山形県
宮城県
福島県

イズモのまめちしき 同じ東北地方でも天気や気温に大きな差があるんだ！ 西側（日本海側）は夏には晴れの日が多く、東側（太平洋側）は梅雨や台風などで雨がよくふるよ。宮城県と福島県以外は雪がよくふるのもとくちょうだね。

41

日本一りんごを作っている県！
青森県

住んでいる人の数：約126万人

全国1位
りんご

全国2位
ホタテ

全国1位
ゴボウ

★青森市
弘前市 ●
● 八戸市

日本でいちばん古いサクラのソメイヨシノがある

速いリズムがとくちょうの津軽三味線

ねぶた祭

青森市で行われる大きなねぶた（山車）が登場する祭り。「ラッセーラ」とかけ声をかけ、まちをねり歩くよ。毎年200万人以上のかんこう客がくる、お祭りなんだ。

青函トンネル

青森県と北海道を結ぶ日本でいちばん長い全長約54キロメートルの海底トンネル。完成するまでに24年もかかったよ。昔は船で行き来していたんだ。

北海道の次に大きい！
岩手県

住んでいる人の数：約124万人

全国2位
ウニ

全国3位
りんご

全国3位
サンマ

★盛岡市
● 花巻市
● 平泉町

おわん（わんこ）に次つぎとそばのおかわりがくるわんこそば

花巻市
宮沢賢治の生まれた場所

中尊寺金色堂

世界遺産

平泉町にある中尊寺金色堂は、今から約900年前に建てられたお寺で、仏像がかざられているよ。中は金ぱくや、にじ色に光る貝がらを使っていて、とてもごうかなんだ。

盛岡さんさおどり

かけ声といっしょに大きな和だいこをならしながらおどるのがとくちょうのお祭り。世界一の和だいこの数の祭りとして、ギネス世界記録ににん定されているんだ！

宮城県

東北地方でいちばん住んでいる人の数が多い！

住んでいる人の数：約231万人

全国1位
マグロ

牛タン（牛の舌）は仙台市で生まれたお肉の名物

全国2位
サンマ

石巻市 ●

塩竈市 ●

★ 仙台市

ささかまぼこは明治時代からある仙台市の名物

仙台市
戦国時代の武しょう
伊達政宗

仙台七夕まつり

7月7日の七夕よりおそい8月6日からはじまる、東北四大祭りのひとつだよ。仙台市のいろいろな場所がかざり付けされ、日本の七夕祭りの手本になっているんだ。

鳴子こけし

東北地方のおんせん地で子どものおみやげに作られたのがこけしのはじまりと言われているよ。「鳴子こけし」のほかに、いろいろな種類のこけしがあるんだ。

福島県

日本で3番目に大きな県

住んでいる人の数：約186万人

お米
【コシヒカリ】

福島市 ★

● 喜多方市

猪苗代町
野口英世の生まれた場所

● 猪苗代町

会津若松市 ●

● 郡山市

全国2位
もも

● いわき市

木の樹液からできた「うるし」をぬった会津ぬり

全国4位
なし

喜多方ラーメン

喜多方市で生まれた日本三大ラーメンのひとつ。しょうゆ味のスープとちぢれためんがおいしいんだ！市内周辺には喜多方ラーメンのお店がやく120けんあるよ。

赤べこ

首がゆれる真っ赤なおもちゃだよ。「べこ」は東北地方の方言で「牛」という意味なんだ。昔、子どものまよけとして作られて、福島県の名物として有名なんだ。

たくさんの自然にかこまれている
秋田県

👤 住んでいる人の数：約98万人

全国 4位
さくらんぼ

● 大館市

秋田杉を使った
入れ物 曲げわっぱ

● 男鹿市

秋田県で
生まれた秋田犬

秋田県の名物
めんの細い
稲庭うどん

★
秋田市

雪を積み上げて
作るかまくら

おにの顔を
している神さま
なまはげ

● 横手市

きりたんぽ

すりつぶしたごはんをぼうの先にまき付けて焼いた秋田県の伝統料理なんだ。みそをぬって火で焼いたり、だしじるに入れてなべにして食べることが多いよ。

秋田竿燈まつり

長い竹ざおにちょうちんをつるした竿燈を、肩やおでこに乗せて、お米がたくさんできるようにいのる秋田市のお祭り。大きな竿燈は重さが50キロもあるんだ。

さくらんぼと洋なしがおいしい！
山形県

👤 住んでいる人の数：約109万人

全国 4位
お米【つや姫】

全国 1位
さくらんぼ

● 酒田市

全国 1位
洋なし

● 鶴岡市

最上川

● 東根市

★
山形市

松尾芭蕉の俳句が
有名な立石寺

大自然が楽しめる
最上川の舟下り

● 米沢市

いもに

サトイモと牛肉をたくさんのやさいとにこんだ山形県の伝統料理。9月ごろに行われる日本一大きないもにを食べるイベントでは、ショベルカーを使って作られるんだ！

花笠まつり

赤い花をつけたスゲ笠を手に持って、花笠音頭に合わせておどる伝統的な祭りだよ。「ヤッショ、マカショ」とかけ声をかけながら、山形市内のまち中をおどるよ。

イラストになった有名なものを当てよう

東北地方の名物を、神さまがいたずらでイラストに変えてしまったよ！
イラストになった名物の名前をワクの中にかいてみよう。

クイズ1

			まつり

クイズ2

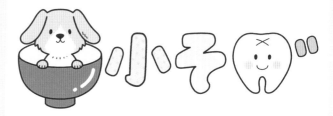

クイズ3

クイズ4

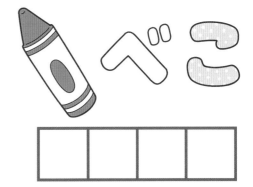

	べこ

クイズ5

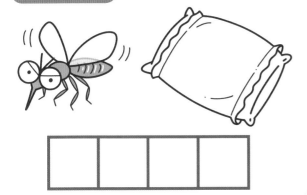

クイズ6

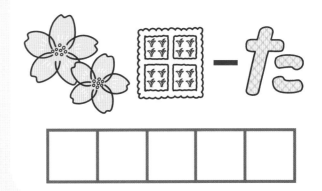

お祭りを楽しんでいる神さまをさがせ！

東北地方で大人気の四大祭りがはじまったよ！
4つのお祭りの絵から秋田県のなまはげに変装した神さまをさがしてね。

青森県
ねぶた祭

秋田県
秋田竿燈まつり

山形県
<ruby>山形県<rt>やまがたけん</rt></ruby>
<ruby>花笠まつり<rt>はながさ</rt></ruby>

宮城県
<ruby>宮城県<rt>みやぎけん</rt></ruby>
<ruby>仙台七夕まつり<rt>せんだいたなばた</rt></ruby>

▶<ruby>答えは<rt>こた</rt></ruby>124ページ

きみは何問とけるかな？
東北地方おさらいクイズ

神さまから、東北地方のクイズが出されたよ！　①〜⑧の答えを、右ページのマスの中にひらがなで書こう。
たて は上から下へ、よこ は左から右へ書くよ。答えはすべてひらがなで書いてね。

① 地図で宮城県の
西にある県はどこ？

たて ☐☐☐☐☐☐

宮城県

② 青森県でたくさんとれる
赤いくだものは何？

たて ☐☐☐

③ 東北四大祭りのひとつで、青森県の
「ね」のつくお祭りの名前は何？

たて ☐☐☐☐☐☐

④ おわんのふたをしめるまで
そばのおかわりがくる
岩手県の伝統料理は何？

よこ ☐☐☐☐☐☐

⑤ 雪で作るかまくらが楽しめるのは
東北地方のどの県？

よこ ☐☐☐☐☐☐

⑥ 宮城県でお城をつくった
武しょうはだれ？

よこ ☐☐☐☐☐☐

⑦ 福島県の工芸品で、
牛の形をしている
赤いおもちゃは何？

たて ☐☐☐☐

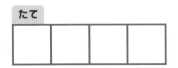

⑧ すりつぶしたごはんを使った
秋田県の伝統料理の名前は何？

よこ ☐☐☐☐☐

48

▶答えは126ページ

マスの中の 印の文字は、10ページの「神フェスへの招待状」を読むために必要だよ。パズルを完成させたら11ページの同じ番号の の中に文字を入れてね！

神さま見つけた！

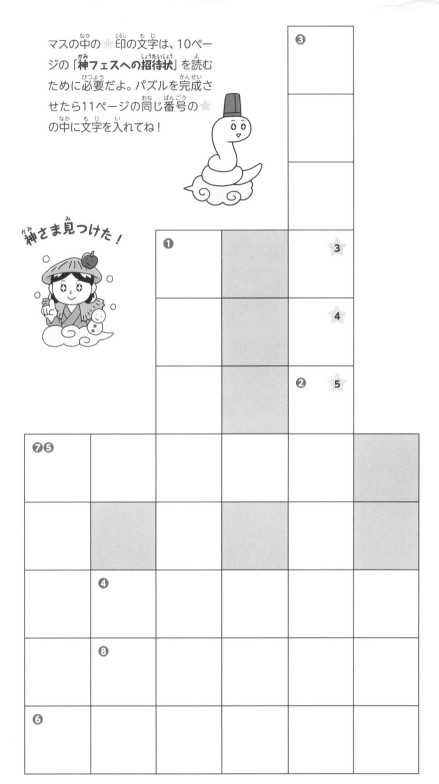

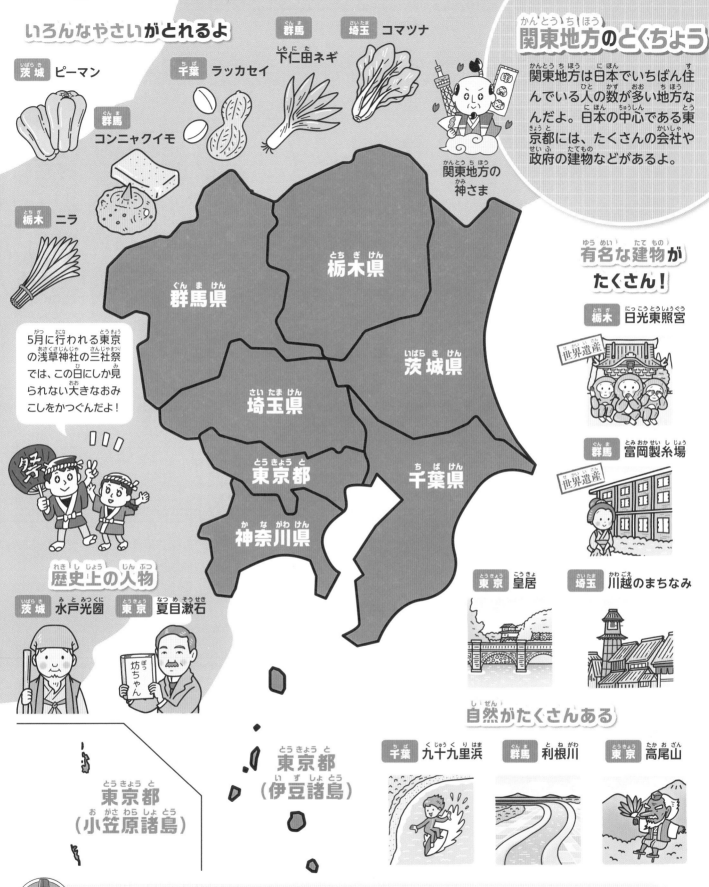

いろんなやさいがとれるよ

茨城 ピーマン

群馬 コンニャクイモ

千葉 ラッカセイ

群馬 下仁田ネギ

埼玉 コマツナ

栃木 ニラ

関東地方の神さま

5月に行われる東京の浅草神社の三社祭では、この日にしか見られない大きなおみこしをかつぐんだよ！

歴史上の人物

茨城 水戸光圀

東京 夏目漱石

坊ちゃん

有名な建物がたくさん！

栃木 日光東照宮

世界遺産

群馬 富岡製糸場

世界遺産

東京 皇居

埼玉 川越のまちなみ

自然がたくさんある

千葉 九十九里浜

群馬 利根川

東京 高尾山

東京都（小笠原諸島）

東京都（伊豆諸島）

イズモのまめちしき 関東地方は都心のまわりの地いきでやさいをたくさん作っているよ！ はたらく人や、住んでる人が多い都市に新せんなやさいを送るためなんだ。これを「近こう農業」とよんでいるよ。

51

なっとうをたくさん食べる県
茨城県

住んでいる人の数：約287万人

全国1位 ピーマン

全国1位 レンコン

全国2位 なっとう

日立市

水戸市 ★

大洗町

つくば市

牛久市

霞ヶ浦

鹿嶋市

世界で6番目に
せの高い
牛久大仏がある

水戸市
水戸黄門として有名な
徳川光圀とえんが深い土地

筑波宇宙センター

1972年に建てられた、つくば市にある大きな施設だよ。ロケットや人工衛星などの研究や開発をしているんだ。宇宙飛行士になりたい人も集まる場所だよ。

アンコウなべ

茨城県の海にプランクトンや小魚がたくさんいるので、おいしいアンコウがとれるんだ。大洗町では、アンコウを具に入れたアンコウなべが冬の伝統料理だよ。

関東地方でいちばん大きな県
栃木県

住んでいる人の数：約194万人

全国2位 ニラ

全国3位 いちご

那須塩原市

中禅寺湖

日光市

宇都宮市 ★

日本でいちばん
作られている
かんぴょう

関東を代表する
とう器・益子焼

おんせんがいっぱい！

日光 鬼怒川 塩原 那須

日光東照宮

世界遺産

日光市に1617年に建てられた日光東照宮は世界遺産にも登録されているよ。かざりとして彫刻された「見ザル、聞かザル、言わザル」の三びきのサルが有名なんだ！

宇都宮ぎょうざ

宇都宮市は、静岡県浜松市と日本一を争うほど有名な「ぎょうざのまち」なんだ。宇都宮駅の近くにはぎょうざ像があって、たくさんのぎょうざのお店があるんだ。

日本一広い川「利根川」がある
群馬県

🧍 住んでいる人の数：約195万人

全国1位
下仁田
ネギ

群馬県の名物や
歴史がわかる
上毛かるた

● 草津町

利根川 ●

★ 前橋市

● 高崎市

富岡市 ●

コンニャクイモ

自然に
かこまれた
大きな
利根川

1000年以上
昔からある草津おんせん

高崎だるま

高崎市を中心に200年前にだるま作りがはじまったんだ。お店がにぎわうように願いをこめて、「たおれても起き上がる」だるまを神さまとしてまつってきたよ。

富岡製糸場

世界遺産

かいこの幼虫が作るまゆから糸をとる工場として富岡市に建てられたんだ。2014年には世界遺産に登録されて、世界中からかんこう客が来るようになったよ。

都心に近く自然が楽しめる
埼玉県

🧍 住んでいる人の数：約733万人

全国1位
深谷ネギ

全国2位
コマツナ

草加市の名物
草加せんべい

利根川

● 深谷市

● 行田市

● 秩父市

川越市 ●

★ さいたま市 ● 草加市

利根川にかざられる世界一大きな
こいのぼり

行田市

たくさんの
古ふんがある
埼玉古ふん群

川越のまちなみ

江戸時代のまちなみが再現されている川越市は、「小江戸」としてかんこう名所になっているよ。当時の景色が見られる数少ない場所のひとつなんだ。

秩父夜祭

毎年12月に行われる有名なお祭りで、京都府の京都祇園祭、岐阜県の飛騨高山祭だよ。秩父夜祭が山車をひく日本の代表的なお祭りといわれているんだ。

日本の首都。東京23区がある
東京都

👤 住んでいる人の数：約1382万人

墨田区
高さ634メートルの
電波とう**東京スカイツリー**

紅葉がきれいな
高尾山

八王子市
高尾山 ●

台東区
墨田区
千代田区
★
新宿区

約1500種類の
つばきが育つ**伊豆大島**

◆ 伊豆大島

伊豆諸島　　小笠原諸島

千代田区
江戸城のあった**皇居**

新宿区
夏目漱石の
生まれた場所

国会議事堂

法りつや国のお金を
どう使うかなどが話
し合われる場所で、
千代田区にあるよ。
国会議事堂の中に
は食堂やおみやげを
売っている場所もあ
るんだ。

三社祭

毎年5月に台東区・浅
草で行うお祭りで、大
きな3つのおみこしが
この時だけ見られる
よ。昔は4つあったお
みこしのひとつは戦
争で焼けて、なくなっ
てしまったんだ。

日本で二番目に人が多い
神奈川県

👤 住んでいる人の数：約917万人

全国2位
アユ

全国2位
チーズ

ダイコン

小田原市の名物
かまぼこ

川崎市 ●
★
横浜市
鎌倉市 ●
小田原市 ●
箱根町 ●
芦ノ湖 ●
横須賀市 ●

鎌倉市
高さ約11メートルの
大きな**鎌倉大仏**

横浜中華がい

まち全体が中国ふう
のつくりになっている
よ。横浜中華がい、兵
庫県の神戸南京町、
長崎県の長崎新地中
華がいは「日本の三
大中華がい」といわれ
ているんだ。

箱根の大涌谷

3000年ほど昔に、ひ
とつの山がくずれて
できた谷。大涌谷か
らはモクモクと白い
けむりがふき上がっ
ているんだ。この熱
を使った黒いゆでた
まごが有名だよ。

やさいも魚もたくさんとれる

千葉県

住んでいる人の数：約625万人

全国**1**位
なし

全国**2**位
伊勢エビ

全国**1**位
しょうゆ

海にもぐって
貝や海そうをとる海女さん

船橋市

成田市

銚子市

東京湾 ●

★千葉市

● 九十九里浜

全国**1**位
ラッカセイ

● 南房総市

成田国際空港

成田市にある成田国際空港は、東京都の羽田空港とならんで日本の空の玄関口とよばれ、さまざまな飛行機が見れるよ。海外の飛行機が多いのがとくちょうなんだ。

九十九里浜

長さが66キロメートルある九十九里町の浜辺だよ。波が高くサーフィンが楽しめる場所としても人気があって、海の近くにはサーフィン教室がたくさんあるんだ。

関東地方

わかるかな？ 関東地方 ミニ問題

問題1
関東地方の中で、いちばん面積が広いのは？
❶栃木県　❷東京都　❸群馬県

問題2
関東地方で二番目に住んでいる人が多いのは？
❶神奈川県　❷埼玉県　❸東京都

問題3
関東地方の中で昔「江戸」とよばれていたのは？
❶茨城県　❷千葉県　❸東京都

問題4
東京都の区の数はいくつ？
❶43区　❷32区　❸23区

▶答えは125ページ

数字の順に点を線で結ぼう！

関東地方で有名なものがカードになっているよ。点を数字の順につないで、イラストを完成させよう。ワクの中にその有名なものがある都道府県を書いてみよう。

① [ ] 都

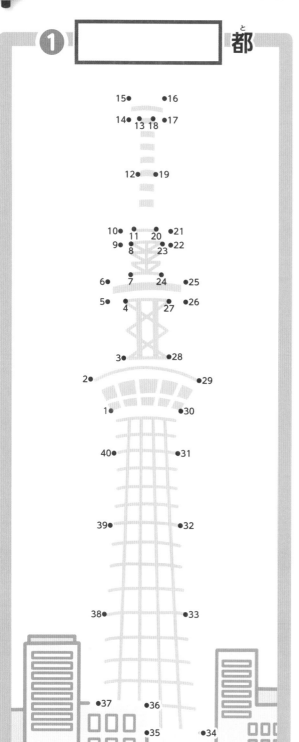

② [ ] 県

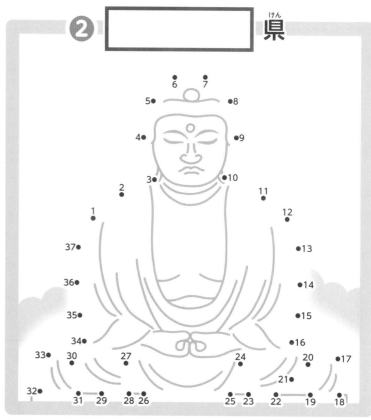

③ [ ] 県

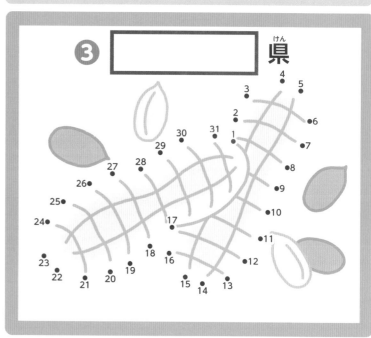

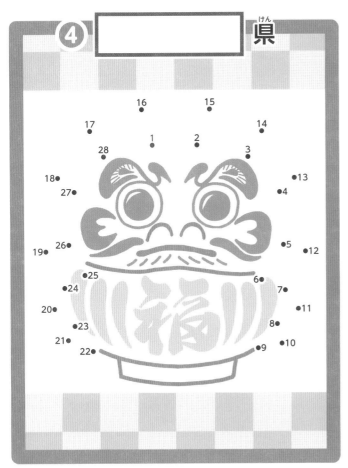

④ [　　　　　] 県

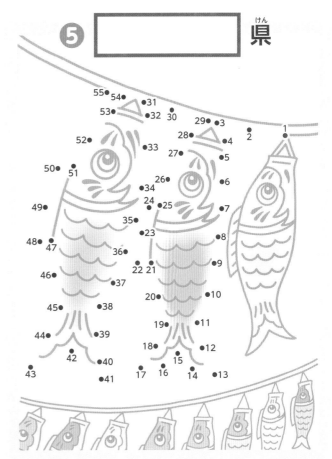

⑤ [　　　　　] 県

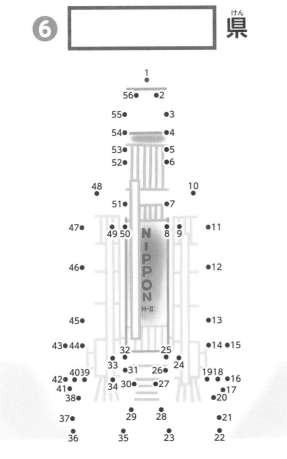

⑥ [　　　　　] 県

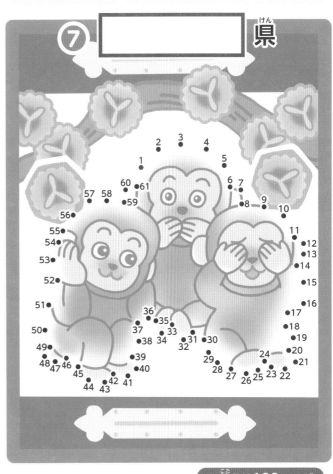

⑦ [　　　　　] 県

▶答えは123ページ

あんごうをといてみよう！

神さまがメッセージをくれたよ！　右ページのあんごう表をつかって問題をといてみよう。
メッセージの虫くいの中にあんごうの答えを入れて、神さまがどの県にいるか当ててね。

神さまからのメッセージ

ワシは関東地方でかんこうを楽しんでるぞ〜！

高さ634メートルもある東京スカ [①] ツリーに登ってきたぞ。

お昼は [②] ちぎ県のおいしい、いち [③] を食べたんじゃ。

イズモにもおみやげを買ったからの。

これからワシは、有名なおんせん地の

[④] さ [⑤] おんせんに行ってくるぞ。

関東地方の神さまより

問題

ヒント　◎➡➡⬇⬅　は　**す**

① ◎➡➡⬇⬇ は ☐

② ◎⬇⬅⬅⬆ は ☐

③ ◎⬆➡⬆➡ は ☐

④ ◎⬅⬆➡⬆ は ☐

⑤ ◎⬇⬇⬅⬅ は ☐

▶答えは123ページ

あんごう表

ア	る	く	か	ご
え	ろ	サ	き	ひ
と	の	◎	よ	マ
ゆ	フ	な	す	の
つ	も	ね	わ	イ

神さまがいるのは ☐☐☐ 県

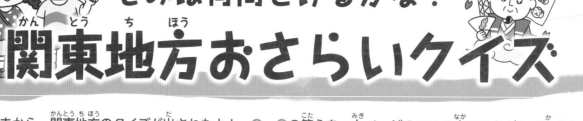

きみは何問とけるかな？
関東地方おさらいクイズ

神さまから、関東地方のクイズが出されたよ！ ❶～❽の答えを、右ページのマスの中にひらがなで書こう。
たて は上から下へ、**よこ** は左から右へ書くよ。答えはすべてひらがなで書いてね。

❶ 地図で**東京都の**
北にある県はどこ？

よこ

東京都

❷ **茨城県でよくとれる、**
あなのたくさんあいた
やさいは何？

たて

❸ **栃木県の日光東照宮にある3ザル、**
見ザル聞かザル…
もうひとつは何？

よこ

❹ **草津町にある**
草津温泉といえば
何県にある？

たて

❺ **埼玉県の利根川で有名な、**
こいのぼりをかざる
5月5日は何の日？

たて

❻ **東京都にある634メートルの**
電波とうの名前は？

たて

❼ **神奈川県の名産品で、**
写真をとるときに言う言葉は？

たて

❽ **千葉県でよくとれる、**
「あるのにない」くだものは？

たて

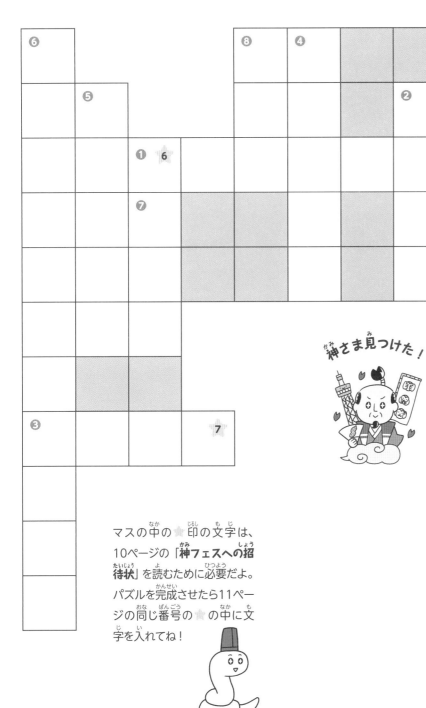

★神さま見つけた！

マスの中の★印の文字は、10ページの「神フェスへの招待状」を読むために必要だよ。パズルを完成させたら11ページの同じ番号の★の中に文字を入れてね！

よくぞ関東までやってきた！

関東地方の神さま

ほうびをつかわす!!

なんでも願いをかなえてやろう！

え～！どうする？ どうする？

このお店に行ってみたいんだけどなかなか予約が取れなくて…

とってもおいしい江戸前ずし！

ハッハッハ！神さまにまかしておけ！

子どもふたりに、神がひとり

そしてヘビが1ぴきだ

か、神とヘビ…!?

▶答えは126ページ

中部地方をのぞいてみよう

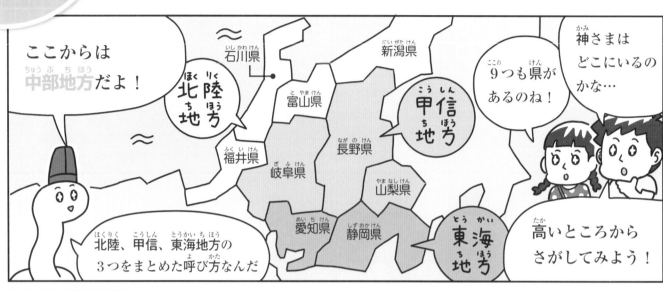

ここからは
中部地方だよ！

北陸、甲信、東海地方の
3つをまとめた呼び方なんだ

石川県
富山県
福井県
岐阜県

新潟県
長野県
山梨県
愛知県
静岡県

北陸地方
甲信地方
東海地方

9つも県が
あるのね！

神さまは
どこにいるの
かな…

高いところから
さがしてみよう！

わ！
富士山！

山梨県と静岡県の
あいだにあるんだ

近くで見ると
すごいはく力！
さすが日本一の高さ！

景色もいいし
お昼ごはんに
しない？

イズモすご〜い！

富士山頂上

お米（新潟県）
お茶（静岡県）

おいしい！

よーし、ミミのために

パッ！

ガサ
ガサッ

ぼくもおいしいものを
見つけるぞ!!

ところで
ここは…？

ガサッ

バン

ギャアアー！

福井県
日本でいちばん
きょうりゅうの
化石がとれる県

おにいちゃん!?

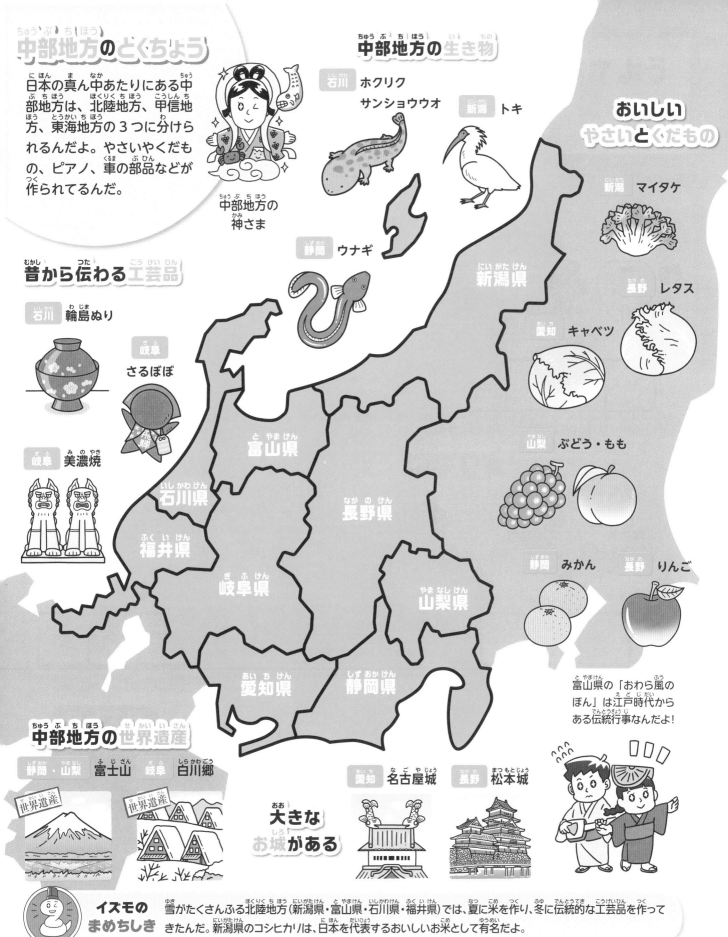

中部地方のとくちょう

日本の真ん中あたりにある中部地方は、北陸地方、甲信地方、東海地方の3つに分けられるんだよ。やさいやくだもの、ピアノ、車の部品などが作られてるんだ。

中部地方の神さま

中部地方の生き物

石川 ホクリクサンショウウオ

新潟 トキ

静岡 ウナギ

おいしいやさいとくだもの

新潟 マイタケ

長野 レタス

愛知 キャベツ

山梨 ぶどう・もも

静岡 みかん

長野 りんご

昔から伝わる工芸品

石川 輪島ぬり

岐阜 さるぼぼ

岐阜 美濃焼

富山県での「おわら風のぼん」は江戸時代からある伝統行事なんだよ！

新潟県

富山県

石川県

長野県

福井県

岐阜県

山梨県

愛知県

静岡県

中部地方の世界遺産

静岡・山梨 富士山　岐阜 白川郷

世界遺産

世界遺産

大きなお城がある

愛知 名古屋城

長野 松本城

イズモのまめちしき　雪がたくさんふる北陸地方（新潟県・富山県・石川県・福井県）では、夏に米を作り、冬に伝統的な工芸品を作ってきたんだ。新潟県のコシヒカリは、日本を代表するおいしいお米として有名だよ。

日本でいちばんお米を作っている
新潟県

住んでいる人の数：約224万人

全国1位
米【コシヒカリ】

全国2位
マイタケ

トキ（鳥）

エダマメ

● 村上市
● 佐渡市
★ 新潟市
● 長岡市
● 魚沼市

きれいなもようのニシキゴイ

佐渡島

沖縄本島の次に大きくて自然がたくさんある島だよ。ぜつめつした特別天然記念物のトキを人の手で飼育して、自然に返す活動をしていることで有名なんだ。

長岡まつり大花火大会

長岡市で毎年夏に行われる、打ち上げ花火が有名なお祭りだよ。音に合わせて打ち上がる花火や、物語のある花火などいろいろなしゅるいが見られるよ。

チューリップがたくさん育てられる
富山県

住んでいる人の数：約105万人

ブリ

全国2位
ホタルイカ

● 黒部市
● 魚津市
● 高岡市
★ 富山市

ささの葉に包まれた
マスずし

全国1位
チューリップ

立山町
高さ日本一の水力発電用の黒部ダム

薬売り

江戸時代からはじまった商売だよ。そのなごりで富山県にせい薬会社が多いんだ。薬をまとめてお客さんに渡し、使った分だけお金をもらう「置き薬」という売り方が有名。

おわら風のぼん

毎年9月に行う富山市の伝統行事で、「輪おどり」や「舞台おどり」などいろいろなしゅるいをおどるんだ。江戸時代にはじまった歴史のあるお祭りだよ。

海の幸がいっぱいとれる！
石川県

👤 住んでいる人の数：約114万人

全国 **3**位
スルメイカ

● 輪島市

ズワイガニ

◆ 能登島

スイカ

手のひらサイズの
ホクリク
サンショウウオ

★ 金沢市

● 能美市
● 小松市

金沢市
伝統工芸品をかざる
金ぱく

輪島ぬり

約1000年前からあったと言われている伝統工芸品だよ。木の器に何度もうるしをぬり重ねて作り、金や銀でかざるんだ。でき上がるまでに1年ぐらいかかるよ。

兼六園の雪つり

金沢市にある兼六園は日本三名園のひとつで、季節ごとに景色が変わるんだ。雪の重さで松の枝が折れないようになわでつる、雪つりがとても有名だよ。

中部地方

きょうりゅうの化石がたくさん見つかる
福井県

👤 住んでいる人の数：約77万人

全国 **1**位
おぼろコンブ

● 坂井市

● 勝山市

全国 **1**位
越前ガニ

福井市 ★

● 越前市

ラッキョウ

● 敦賀市

メガネのフレーム

水にも強い
越前和紙

きょうりゅうの化石

福井県ではじめてきょうりゅうの化石が発見されたのは1988年で、肉食きょうりゅうの歯が見つかったんだ。その後もたくさんの化石が見つかっているんだよ。

東尋坊

海が見渡せる険しい岩のかべでできたがけで、坂井市にある有名なかんこう名所だよ。海の波で岩がけずられていて、国の天然記念物になっているよ。

65

おいしいくだものがたくさん育つ県
山梨県

👤 住んでいる人の数：約81万人

全国1位
ぶどう

全国1位
もも

甲府市 ★
● **甲州市**
● **甲斐市**
● **都留市**

WATER
わき水のおいしい
ミネラルウォーター

● **富士山**

全国1位
すもも

世界遺産
富士山

武田信玄

山梨県で生まれた戦国時代の有名な武しょうで、30年間戦いで負けなかったんだ！ おみやげとして人気の「信玄もち」は、武田信玄の名前からつけられたよ。

リニア新幹線

新幹線よりもっと速いリニア新幹線は、時速500キロで走ることができるよ。山梨県の都留市で実験されているんだ。2027年の完成を目指しているんだよ。

中部地方でいちばん大きい県
長野県

👤 住んでいる人の数：約206万人

全国2位
りんご

長野市 ★

日本一標高が高い
野辺山駅

全国1位
ブナシメジ

● **松本市**
● **諏訪湖**
● **諏訪市**
● **野辺山駅**

全国2位
ワサビ

全国1位
レタス

長野県のきょう土料理
信州そば
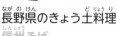

松本城

今から約400年前の戦国時代に建てられたお城だよ。お城のまわりには水がたまったおほりや、橋があって、たくさんのサクラの木が植えてあるんだ。

諏訪大社

諏訪湖の近くにある4つの神社をまとめて諏訪大社というんだ。7年ごとに行う御柱祭が有名で、大きなもみの木を山からおろして、たくさんの人で運ぶんだ。

郵便はがき

| 1 | 0 | 4 | - | 8 | 0 | 1 | 1 |

おそれいりますが
切手をお貼り
下さい

東京都中央区築地
5—3—2

株式会社
朝日新聞出版
生活・文化編集部 行

ご住所　〒		
	電話　（　　　）	
ふりがな お名前		
Eメールアドレス		
ご職業	年齢　　歳	性別 男・女

このたびは本書をご購読いただきありがとうございます。
今後の企画の参考にさせていただきますので、ご記入のうえ、ご返送下さい。
お送りいただいた方の中から抽選で毎月10名様に図書カードを差し上げます。
当選の発表は、発送をもってかえさせていただきます。

愛読者カード

お買い求めの本の書名

お買い求めになった動機は何ですか？（複数回答可）
1. タイトルにひかれて　　　2. デザインが気に入ったから
3. 内容が良さそうだから　　4. 人にすすめられて
5. 新聞・雑誌の広告で（掲載紙誌名　　　　　　　　　　　　）
6. その他（　　　　　　　　　　　　　　　　　　　　　　）

| 表紙 | 1. 良い | 2. ふつう | 3. 良くない |
| 定価 | 1. 安い | 2. ふつう | 3. 高い |

最近関心を持っていること、お読みになりたい本は？

本書に対するご意見・ご感想をお聞かせください

ご感想を広告等、書籍のPRに使わせていただいてもよろしいですか？
1. 実名で可　　　2. 匿名で可　　　3. 不可

昔から変わらない景色がのこる
岐阜県
_{ぎ ふ けん}

👤 住んでいる人の数：約119万人

白川村
_{しらかわむら}

飛騨市
_{ひ だ し}

くり

高山市
_{たかやまし}

美濃焼で
_{み の やき}
できたこま犬
_{いぬ}

食用の牛肉
_{しょくよう ぎゅうにく}

飛騨牛
_{ひ だ ぎゅう}

岐阜市
_{ぎ ふ し}
★

関市
_{せき し}

関ケ原町
_{せき が はらちょう}

高山市の
_{たかやまし}
伝統工芸品さるぼぼ
_{でんとうこうげいひん}

包丁が日本一
_{ほうちょう に ほんいち}

作られる関市
_{つく せき し}

白川郷の合しょうづくり
_{しら かわ ごう がっ}

世界遺産
_{せ かい い さん}

白川村にある白川郷
_{しら かわ むら しら かわ ごう}
は世界文化遺産に
_{せ かいぶん か い さん}
なっている有名なか
_{ゆう めい}
んこう地だよ。合しょ
_ち
うづくりとよばれるか
やぶき屋根は、ななめ
_{や ね}
になっていて雪が地
_{ゆき じ}
面に落ちやすいよ。
_{めん お}

高山祭の屋台
_{たか やま まつり や たい}

高山市で行われる高
_{たかやま し おこな たか}
山祭は、しょく人たち
_{やままつり にん}
が作る屋台が有名だ
_{つく や たい ゆう めい}
よ。からくり式で動く
_{しき うご}
人形が出てくる仕か
_{にんぎょう で し}
けがあったり、ごうか
なつくりになっている
んだ。

日本一お茶を作っている
_{にほんいち ちゃ つく}
静岡県
_{しず おか けん}

👤 住んでいる人の数：約365万人
_{す ひと かず やく まん にん}

全国1位
_{ぜんこく い}
カツオ

全国1位
_{ぜんこく い}
ほしシイタケ

富士山
_{ふ じ さん}

静岡県は
_{しずおかけん}
サッカーが
さかん

静岡市
_{しず おか し}
★

熱海市
_{あたみ し}

全国4位
_{ぜんこく い}
ウナギ

伊豆半島
_{い ず はんとう}

浜名湖
_{はま な こ}
牧之原市
_{まき の はら し}
浜松市
_{はままつ し}

みかん

静岡茶
_{しず おか ちゃ}

静岡県はお茶を日本
_{しずおかけん ちゃ に ほん}
一作っている県だよ。
_{いちつく けん}
お茶が育ちやすい気
_{ちゃ そだ き}
候で、中でも牧之原
_{こう なか まき の はら}
市は日本でいちばん
_{し に ほん}
お茶を作っている場
_{ちゃ つく ば}
所で、茶つみを体験
_{しょ ちゃ たいけん}
できるんだ。

楽器の生産がさかん
_{がっ き せい さん}

浜松市はピアノやバ
_{はままつ し}
イオリンをたくさん
作っている「楽器のま
_{つく がっ き}
ち」として有名なんだ
_{ゆう めい}
よ。浜松駅にはだれ
_{はままつえき}
でも自由にひけるグ
_{じ ゆう}
ランドピアノが置い
_お
てあるんだ。

戦国武しょうがたくさん生まれた
愛知県

住んでいる人の数：約753万人

全国 **1**位
ふき

シソの葉

愛知で有名な
調味料 赤みそ

名古屋市 ★

● 豊田市

● 安城市　● 岡崎市

● 豊橋市

全国 **2**位
キャベツ

おいしいとり肉の
名古屋コーチン

名古屋城

江戸時代の有名な武しょう・徳川家康の命令でつくられたのが名古屋城だよ。お城のてっぺんには名古屋市のシンボル、金のしゃちほこがかざられているよ！

自動車のまち・豊田市

豊田市には日本で有名な自動車メーカー、トヨタ自動車の会社があるよ。市ではたらく人の多くが自動車で使われる部品などを作る工場ではたらいているんだ。

わかるかな？ 中部地方 ミニ問題

問題1 中部地方の中で、いちばん面積が広いのは？
❶新潟県　❷長野県　❸愛知県

問題2 中部地方の中で、いちばん住んでいる人が多いのは？
❶愛知県　❷福井県　❸静岡県

問題3 県との間に富士山がないのは？
❶静岡県　❷山梨県　❸石川県

問題4 中部地方はいくつの県がある？
❶6県　❷9県　❸7県

▶答えは125ページ

県で有名なものをたどって順番にすすもう!

中部地方の県で有名なものを 順番 どおりにすすむと、神さまからのメッセージが受け取れるよ! イラストの 順番 どおりに2回たどってゴールをめざそう!

順番

新潟県 → 富山県 → 石川県 → 福井県 → 山梨県 → 長野県 → 岐阜県 → 静岡県 → 愛知県

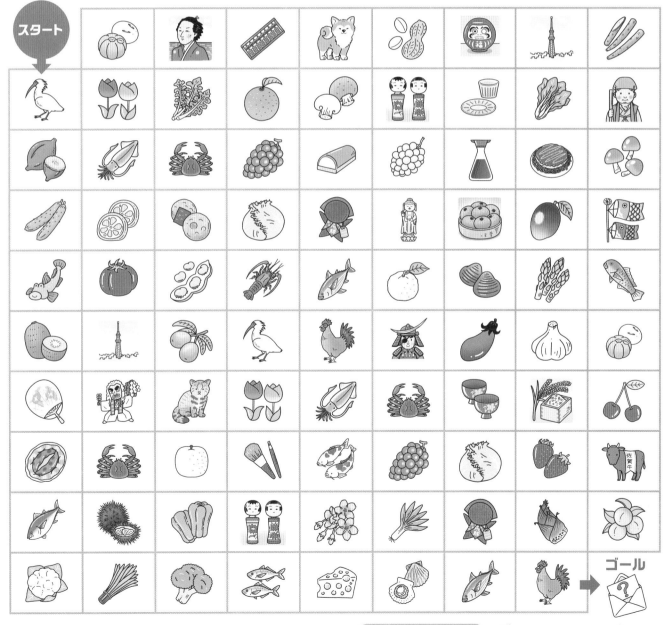

スタート

ゴール

あんごうをといてメッセージを読もう

神さまからのメッセージを開くと、あんごうになっているよ。左ページの問題をといて、
答えをあんごう表の文字に変えてメッセージを読めるようにしよう。

あんごう表

11	18	8	7	1	16	13	6	10	12	9	25	19	4
こ	め	の	い	こ	か	に	な	お	ふ	さ	し	ち	ご

問題

❶ $8 + 3 =$ ☐

❷ $25 - 7 =$ ☐

❸ $4 + 4 =$ ☐

❹ $15 - 8 =$ ☐

❺ $6 - 5 =$ ☐

❻ $19 - 3 =$ ☐

❼ $7 + 6 =$ ☐

❽ $8 - 2 =$ ☐

❾ $19 - 9 =$ ☐

❿ $15 - 3 =$ ☐

⓫ $14 - 5 =$ ☐

⓬ $18 + 7 =$ ☐

⓭ $13 + 6 =$ ☐

⓮ $7 - 3 =$ ☐

神さまからのメッセージ

イズモへ

げんきにしてる？

ここはお ①□ ②□ やくだも ③□ が

おいしくてさ ④□ ⑤□ う！

い ⑥□ やか ⑦□ 、う ⑧□ ぎなど

⑨□ いしいものがもりだくさんよ！

にほんいちたかい ⑩□ じ ⑪□ んも

きれいだったわ〜

いまは、きんいろの ⑫□ ゃ ⑬□ ほこが

りっぱなな ⑭□ やじょうを

かんこうしているの！

中部地方の神さまより

▶答えは123ページ

71

中部地方おさらいクイズ

神さまから、中部地方のクイズが出されたよ！　①～⑨の答えを、右ページのマスの中にひらがなで書こう。
たて は上から下へ、 **よこ** は左から右へ書くよ。答えはすべてひらがなで書いてね。

① 日本でいちばん
お米がとれる県はどこ？

よこ

② 名前の中におしりが光るこん虫がかくれている、**富山県で有名なイカ**は何？

よこ

③ 黒と緑のしまもようがとくちょうの
石川県で有名なくだものは何？

たて

④ **福井県でよく見つかる化石**は
どんな生き物？

よこ

⑤ **山梨県と静岡県の間にある
とても大きな山**の名前は何？

たて

⑥ 地図で**新潟県の
南の県**はどこ？

新潟県

たて

⑦ **岐阜県の
県庁所在地**はどこ？

たて

⑧ **静岡県でよくとれる、
アナゴによくにた魚**は？

よこ

⑨ 金のしゃちほこがある、**愛知県のお城**の名前は？

たて

マスの中の⭐印の文字は、10ページの「神フェスへの招待状」を読むために必要だよ。パズルを完成させたら11ページの同じ番号の⭐の中に文字を入れてね！

神さま見つけた！

③

⑤ ② 8 9

⑧ ⑨ ⑦ ⑥

④

①

中部地方をもっともりあげたいの…

中部地方の神さま

う～ん…

そこでわたし、個性のあるアイドルグループをプロデュースしました!!

え？
アイドル!?

中部アイドル
チューチューチューブ！
バーーン

ふじこ
しゃーちん
かににん

「神フェス」参加決定のちょう注目アイドルよ！

ファンクラブ入る？

キャラが強すぎる…!!

▶答えは126ページ

近畿地方をのぞいてみよう

わあ、大きな湖！

琵琶湖（滋賀県）

地図で見てもとっても広いね！ここは何県かな…？

ようこそ！近畿地方へ！

なんでニンジャ？

伊賀（三重県）、甲賀（滋賀県）という有名なニンジャの里があるんだ！

かっこいい

近畿地方の見どころを教えるでゴザル!!

ボウン！

通天閣

たこ焼き

だんじり祭

って

大阪ばっかりやないか！

バシッ

急なツッコミ!?

ほかにも近畿地方には歴史のある建物が多いですよ
清水寺（京都府）や
東大寺大仏（奈良県）
とか…

あとおまえンちとかな〜

そうそう…

そんな歴史ないわ！

バシッ！

お〜

ニンジャというよりも芸人さんみたい…

近畿地方のとくちょう

東京に都がうつる794年から1869年まで、京都が国の首都だったんだ。近畿地方は、歴史的に重要な文化ざいがたくさんあることでも有名で、各地にさまざまな建物がのこっているよ。

近畿地方の神さま

歴史のある建物や仏像がたくさん！

大阪 **大阪城**

奈良 **東大寺の大仏**
世界遺産

京都 **金閣寺**
世界遺産

兵庫 **姫路城**
世界遺産

和歌山 **熊野本宮大社**

滋賀 カブ

大阪 シュンギク

近畿地方でとれるやさいとくだもの

兵庫 タマネギ

京都 京やさい

和歌山 うめ

奈良 かき

和歌山 みかん

京都府

琵琶湖

滋賀県

兵庫県

淡路島（兵庫県）

大阪府

奈良県

三重県

和歌山県

おいしい牛肉がある

三重 **松阪牛**

滋賀 **近江牛**

兵庫 **神戸ビーフ**

近江牛

きれいな着物を着ている京都のまいこさんに会ってみたいな〜！

イズモのまめちしき 近畿地方ではダシをいかした食べ物が多いのがとくちょうで、関東地方に比べてうす味で白みそやうす口しょうゆなどを料理に使うよ。また、「こなもん」とよばれる小麦粉を使った食べ物も人気なんだ。

ニンジャのふるさと
三重県

住んでいる人の数：約179万人

車やバイクの
レースを行う
鈴鹿サーキット

鈴鹿市
伊賀市
伊勢湾
津市
松阪市

真珠の
養しょくを
している

アワビ

伊勢エビ

日本三大和牛の
ひとつ松阪牛

 伊賀ニンジャ

伊賀市上野は、滋賀県の甲賀ニンジャとならんで「ニンジャの里」として有名だよ。戦国時代ではたのまれればいろいろな大名につかえて仕事をしたんだ。

海女

三重県は海女さんの数が日本一で、約600人もいるよ。アワビやサザエなどを海にもぐってとっているんだ。伊勢湾では伊勢エビがたくさんとれるよ。

日本一大きい湖、琵琶湖がある
滋賀県

住んでいる人の数：約141万人

琵琶湖でとれた
フナ（魚）を
使ったフナずし

せんす

カブ

琵琶湖
彦根市
東近江市
大津市
甲賀市

ウリ科の
ユウガオを
かんそうさせた
かんぴょう

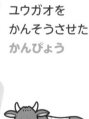
近江牛

信楽焼のたぬき

土をねって固めて焼くとできるとう器がとても有名で、3メートルの日本一大きなたぬきの置物があるんだ。年末には、えとの置物がたくさん作られているよ。

琵琶湖

日本でいちばん大きな湖として有名だよ。滋賀県の面積の6分の1の大きさで、湖の景色がとてもきれいなんだ。琵琶湖ではフナやアユ、シジミがとれるよ。

住んでいる人の数が日本で3番目に多い！
大阪府

住んでいる人の数：約881万人

全国 **2位**
シュンギク

ソースをかけて
食べる
**たこ焼きと
お好み焼き**

世界遺産

大阪市 ★

● 八尾市

堺市

大きな古ふんが
有名な
大山古ふん

● 堺市

● 岸和田市

3分ですぐに
食べられる
そく席めん

ねじやボルトを
作る小さな工場が
たくさんある

大阪城

大阪城は、約400年前の安土桃山時代に豊臣秀吉がつくったお城だよ。とてもごうかなつくりになっていて、お城のまわりにはサクラの木が植えられているんだ。

天神祭

大阪市の北区で毎年夏に行われるお祭りで、日本四大祭りのひとつだよ。約5000発の花火が用意されていて、祭りの最後に打ち上がることでとても有名だよ。

長いあいだ日本の中心として栄えた
京都府

住んでいる人の数：約259万人

伝統的な
京やさい

800年の歴史が
ある**宇治茶**

亀岡市 ●

★ 京都市

● 宇治市

高級な織物
西陣織

色がきれいな
和がし

金閣寺

世界遺産

室町時代のしょう軍・足利義満の別そうとして京都市に建てられたよ。金色の見た目から金閣寺とよばれているけど、本当の名前は鹿苑寺というんだ。

五山の送り火

京都市で毎年おぼんの時期に行われる伝統行事だよ。5つの山に送り火で、それぞれちがう漢字一文字があらわれるんだ。夏に見られる光景として有名なんだ。

近畿地方でいちばん大きい！
兵庫県

住んでいる人の数：約548万人

全国**3位**
タマネギ

コウノトリの
ほご

● 丹波市

● 小野市
● 姫路市　神戸市
★

イカナゴ

タコ

◆ 淡路島

小野市の伝統工芸品
播州そろばん

神戸港

神戸市の有名なかんこう地で、ポートタワーや海洋博物館などの建物があるよ。夜になるとまわりの建物がライトアップされて、きれいな夜景が楽しめるんだ！

姫路城

世界遺産

姫路市にある姫路城は日本ではじめて世界遺産に登録された建物なんだ。お城全体が白く、白サギという鳥のように見えるから、白サギ城ともよばれているよ。

大仏さまが有名な県
奈良県

住んでいる人の数：約133万人

全国**2位**
かき

★ 奈良市
● 大和郡山市

● 広陵町

● 吉野町
● 五條市

くつ下を日本一
作っている

大和郡山市は
金魚のまち

伝統的な
奈良墨

サバやサケで作る
かきの葉ずし

奈良公園のシカ

奈良のシカは昔から神さまの使いとして、大切にされてきたんだ。奈良公園には約1300頭もいて、シカのおやつ「シカせんべい」をあげることができるよ。

東大寺の大仏

世界遺産

奈良市の東大寺にある大仏は高さ15メートルで、つくるのに7年もかかったんだ。1998年には世界遺産に登録されたよ。このほかにも国宝がたくさんあるよ。

うめを日本一作っている

和歌山県

👤 住んでいる人の数：約93万人

全国**1位**
みかん

全国**1位**
みかんの仲間、はっさく

白浜町にある
パンダが有名な
テーマパーク
アドベンチャーワールド

★ 和歌山市

● 有田市

● みなべ町

● 田辺市

● 白浜町

全国**1位**
グリーンピース

全国**1位**
うめ

かとり線香

かをよせつけない「かとり線香」は、有田市で生まれたんだ。明治時代に虫よけの効果のあるきくを育てていたことがきっかけだよ。昔はぼうの形だったんだ。

熊野本宮大社

田辺市にある熊野本宮大社は、日本に4700以上ある熊野神社のおおもとの神社だよ。ヤタガラスが神さまの使いとしてシンボルマークになっているんだ。

近畿地方

わかるかな？ 近畿地方 ミニ問題

問題1 近畿地方の中で、いちばん面積が広いのは？

❶大阪府　❷兵庫県　❸三重県

問題2 近畿地方の中で、いちばん住んでいる人が多いのは？

❶京都府　❷和歌山県　❸大阪府

問題3 日本一大きな湖がある県は？

❶三重県　❷滋賀県　❸京都府

問題4 近畿地方の中で昔、日本の首都だったのは？

❶奈良県　❷三重県　❸京都府

▶答えは125ページ

79

近畿地方ではない都道府県をさがそう！

近畿地方に着いたケンくんとミミちゃんを、神さまがいたずらでほかの都道府県に飛ばそうとしてきた！　イラストの中で近畿地方ではない都道府県をさがそう！

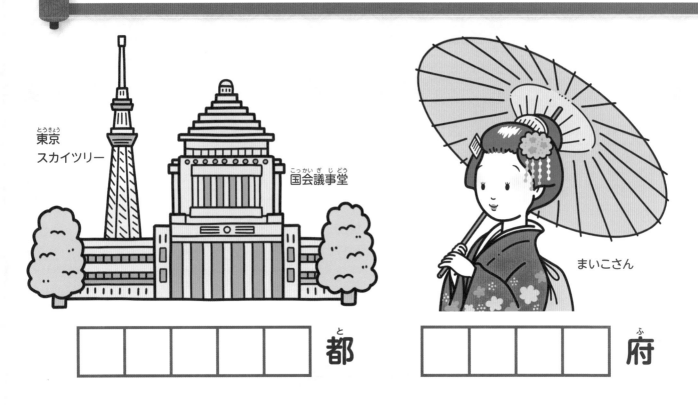

東京
スカイツリー

国会議事堂

まいこさん

| | | | | | 都 |
| | | | | 府 |

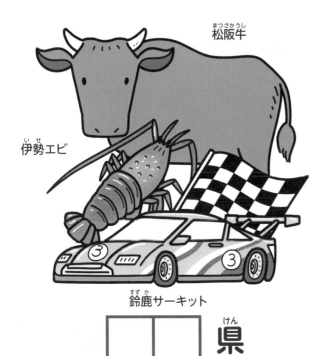

松阪牛

伊勢エビ

鈴鹿サーキット

| | | 県 |

琵琶湖

信楽焼の
たぬき

| | | 県 |

阪神甲子園球場

甲子園球場（こうしえんきゅうじょう）　播州そろばん（ばんしゅう）

□□□□県（けん）

東大寺の大仏（とうだいじ　だいぶつ）　シカ

□□県（けん）

ヤタガラス　うめ　みかん

□□□□県（けん）

ねぶた祭（まつり）　りんご

□□□□県（けん）

お好み焼き（この　や）　たこ焼き（や）

□□□□府（ふ）

五稜郭公園（ごりょうかくこうえん）　ラベンダー　トウモロコシ

□□□□道（どう）

▶答えは124ページ（こた）

神さまを連れてゴールをめざそう

3つのスタート地点からゴールにたどりつける道なのはだれかな？　近畿地方の神さまを見つけていっしょにゴールしよう。

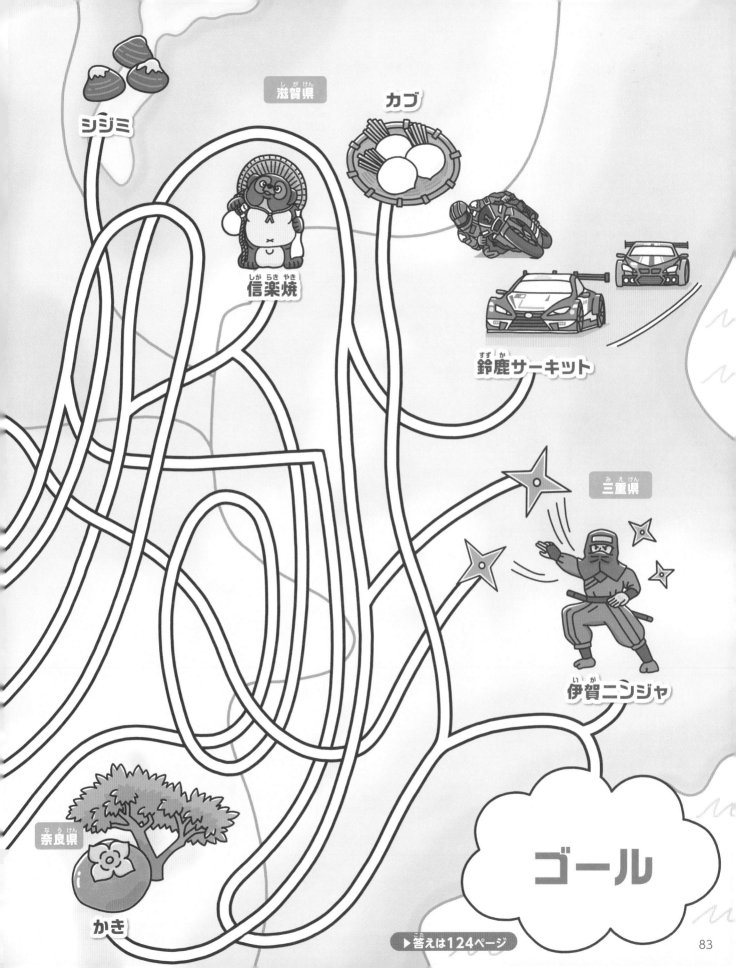

シジミ

滋賀県

カブ

信楽焼

鈴鹿サーキット

三重県

伊賀ニンジャ

奈良県

かき

ゴール

▶答えは124ページ

きみは何問とけるかな？
近畿地方おさらいクイズ

神さまから、近畿地方のクイズが出されたよ！ ①〜⑧の答えを、右ページのマスの中にひらがなで書こう。

たて は上から下へ、 **よこ** は左から右へ書くよ。答えはすべてひらがなで書いてね。

① 三重県でよくとれる、赤くて体じゅうにトゲがある大きなエビは？

よこ

② 滋賀県にある、日本でいちばん大きな湖はどこ？

たて

③ 大阪府の名物で、タコが入っている丸い食べ物は何？

よこ

④ 京都府のかんこう名所で金色のお寺の名前は？

たて

⑤ 地図で京都府の西にある県はどこ？

京都府

たて

⑥ 奈良県で有名な、お祭りでよく見る赤くて小さい魚は？

よこ

⑦ みかんがよくとれる和歌山県の、県庁所在地はどこ？

よこ

⑧ 滋賀県のニンジャは甲賀ニンジャ、三重県のニンジャは何ニンジャ？

たて

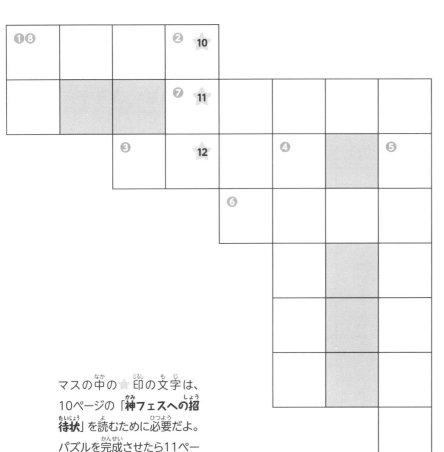

近畿地方は歴史のある
神社やお寺が多いんだね

安全に旅ができるように
お参りしていこう！

三人ともええ
心がけやね～！

近畿地方の
神さま

よ計な考えをすて、
感謝の気持ちでお参りする
ことが大切やねん！

スゴーイ！

パチパチ
パチ

ワーイ

感謝ちゃう
やろ！

マスの中の★印の文字は、
10ページの「神フェスへの招
待状」を読むために必要だよ。
パズルを完成させたら11ペー
ジの同じ番号の★の中に文
字を入れてね！

神さま見つけた！

▶答えは126ページ

中国地方をのぞいてみよう

海の上に神社がある！

わ～！きれいな鳥居!!

ここからは中国地方…

あれは広島県の宮島の大鳥居だね！

わ～!!

カキ（広島県）

マツバガニ（鳥取県）

ふぐちり（山口県）

おいしそう!!!

しあわせ～どんどん食べちゃう！

うま～い！

ねえ、みんなで「ドジョウすくい」おどらない？

たのしそう！

ドジョウすくい（島根県）

え～っ やだ

そして…

イズモ写真とって～！

ハイチーズ！

次はきびだんご食べに行こう～！

パシャ！

やられた～！

もも太郎（岡山県）

日本一

中国地方は北は日本海、南は瀬戸内海と海にかこまれているんだ。マツバガニやカキ、ブリやアマダイなど海の幸がたくさんとれるよ。

中国地方の神さま

海の幸がたくさん！

鳥取・島根 マツバガニ

広島 カキ

島根 ブリ

山口 アマダイ

山口 アンコウ

おいしいきょう土料理

岡山 ばらずし

広島 お好み焼き

日本海

島根県

鳥取県

岡山県

広島県

山口県

瀬戸内海

日本海側の鳥取県・島根県でとれるマツバガニは11月ごろがいちばんおいしいんだって！

歴史のある神社

島根 出雲大社

広島 厳島神社

世界遺産

イズモのまめちしき 中国地方は日本海側と、瀬戸内海側で天気がかなりちがっているんだ。日本海側は雪が多くふって雨が少なく、瀬戸内海側は雨の量が多くてあたたかいのがとくちょうだよ。

なし作りに 100 年以上の歴史がある
鳥取県（とっとりけん）

👤 住んでいる人の数：約56万人

全国 **2位** マツバガニ

全国 **1位** ラッキョウ

● 境港市（さかいみなとし）
● 米子市（よなごし）
● 倉吉市（くらよしし）
★ 鳥取市（とっとりし）

アワビ

全国 **1位** 二十世紀なし（にじっせいき）

境港市（さかいみなとし）
『ゲゲゲの鬼太郎（きたろう）』の作者（さくしゃ）
水木（みずき）しげるが育（そだ）った場所（ばしょ）

鳥取砂丘（とっとりさきゅう）

風（かぜ）で運（はこ）ばれてきた砂（すな）が、長（なが）い年月（ねんげつ）をかけて積（つ）もった砂丘（さきゅう）だよ。風（かぜ）が吹（ふ）くと砂（すな）にもようができるんだ。夏（なつ）の暑（あつ）い日（ひ）には砂（すな）の温度（おんど）が50度（ど）になることもあるんだって！

いなばの傘（かさ）おどり

小（ちい）さなすずが100個（こ）ついた色（いろ）あざやかなかさをふり回（まわ）す、伝統（でんとう）的（てき）な鳥取（とっとり）のおどりだよ。動（うご）きのはげしいどく特（とく）なおどりで「雨（あま）ごいのおどり」と呼（よ）ばれているよ。

神（かみ）さまのふるさとがある県（けん）
島根県（しまねけん）

👤 住んでいる人の数：約68万人

全国 **2位** ブリ

宍道湖（しんじこ）
★ 松江市（まつえし）
● 出雲市（いずもし）
● 安来市（やすぎし）

全国 **1位** シジミ

雲州（うんしゅう）そろばん

トビウオ

● 津和野町（つわのちょう）

安来市（やすぎし）
民（みん）よう「安来節（やすぎぶし）」でおどる**ドジョウすくい**

森鷗外（もりおうがい）

森鷗外（もりおうがい）は明治時代（めいじじだい）のとても有名（ゆうめい）な文学（ぶんがく）者（しゃ）で、10さいまで島根県（しまねけん）の津和野町（つわのちょう）に住（す）んでいたんだ。津和野町（つわのちょう）には森鷗外（もりおうがい）の家（いえ）や、森鷗外記念館（もりおうがいきねんかん）などがあるよ。

出雲大社（いずもおおやしろ）

出雲市（いずもし）にある出雲大社（いずもおおやしろ）は、えん結（むす）びの神（かみ）さまとして有名（ゆうめい）な、大国主大神（おおくにぬしおおかみ）がまつられている神社（じんじゃ）。日本（にほん）の神話（しんわ）に登場（とうじょう）する神（かみ）さまのふるさとと言（い）われているんだ。

昔ばなし「もも太郎」で有名な県
岡山県

👤 住んでいる人の数：約189万人

全国 **2**位
マッシュルーム

カブトガニの
はんしょく地

オオサン
ショウウオ

備前市 ●

岡山市
★

全国 **1**位
マスカット

● 倉敷市

日本一学生服を
作っている

伝統料理のばらずし

酢めしの上に魚やや
さいなどの具をちら
す伝統料理だよ。具
はエビやサワラ、レン
コンやタケノコなど
が入っていて、家庭に
よって味がちがうの
もとくちょうなんだ。

もも太郎

昔話のもも太郎のも
とになったと言われ
るオニ退治の伝説が
語りつがれているん
だ。岡山市の岡山駅
にはもも太郎とその
子分、サル・キジ・イヌ
の銅像があるよ。

中国地方の中でいちばん広い
広島県

👤 住んでいる人の数：約281万人

宮島
木製しゃもじを
日本一作る

全国 **1**位
カキ

人気のおみやげ
もみじまんじゅう

広島市
★

廿日市市 ●

● 熊野町

全国 **1**位
レモン

◆宮島

● 尾道市

かんしょう用の
きれいな
ニシキゴイ

奈良時代末期から
作られている
熊野ふで

厳島神社

世界遺産

日本でとても美しい
景色「日本三景」のひ
とつの宮島にあって
世界遺産に登録され
ている神社だよ。し
おの満ち引きによっ
て、海にうかぶ神社
が見られるんだ。

原ばくドーム

世界遺産

1945年8月6日、広
島市に原子ばくだん
が落とされ、多くの人
が命を落としたんだ。
このおそろしいでき
ごとを伝えるために
原ばくドームとして残
されたよ。

中国地方

総理大臣になった人が多い県
山口県

住んでいる人の数：約137万人

全国**1**位
アンコウ

全国**1**位
アマダイ

タイ

★
山口市

●岩国市

光市 ● ● 柳井市

フグ

岩国市
日本三名橋の
ひとつ錦帯橋

伊藤博文

伊藤博文は山口県光市で生まれた、日本の初代総理大臣だよ。山口県出身の総理大臣は8人いて、全国でいちばん総理大臣が多く出た県として有名なんだ。

金魚ちょうちん祭り

柳井市のきょう土民芸品「金魚ちょうちん」を使った夏祭りだよ。祭りの期間にはたくさんの金魚ちょうちんに明かりがともり、夏に見られる景色として有名だよ。

わかるかな？ 中国地方 ミニ問題

問題1 中国地方の中で、いちばん面積が大きいのは？

①岡山県　②広島県　③山口県

問題2 中国地方の中で、いちばん住んでる人が少ないのは？

①島根県　②岡山県　③鳥取県

問題3 中国地方の中で、九州地方といちばん近い県は？

①山口県　②広島県　③鳥取県

問題4 中国地方の中で、宍道湖がある県は？

①山口県　②島根県　③岡山県

▶答えは125ページ

中国地方の海にいるものはどれかな？

中国地方の海に、神さまがほかの都道府県のものも連れてきてしまったみたい。中国地方の海にいるものを見つけて〇でかこんでね。

▶答えは124ページ

中国地方の名産品を見つけ出そう！

中国地方の名産品の形やもようを神さまが変えてしまったよ！ みほんと同じものをそれぞれのイラストの中からさがして〇でかこんでみよう。

鳥取県

マツバガニ

みほん

同じものをさがそう！

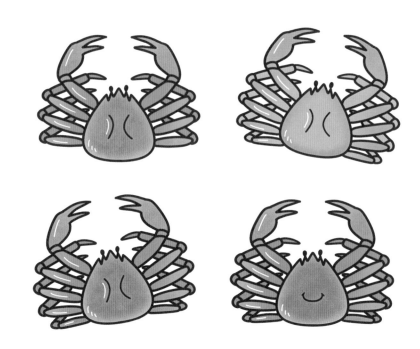

島根県

トビウオ

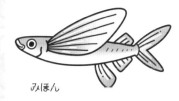

みほん

同じものをさがそう！

岡山県

オオ
サンショウウオ

みほん

同じものをさがそう！

広島県

もみじまんじゅう

みほん

同じものをさがそう！

山口県

フグ

みほん

同じものをさがそう！

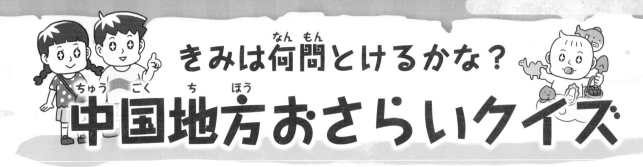

きみは何問とけるかな？
中国地方おさらいクイズ

神さまから、中国地方のクイズが出されたよ！　①〜⑧の答えを、右ページのマスの中にひらがなで書こう。
たて は上から下へ、 **よこ** は左から右へ書くよ。答えはすべてひらがなで書いてね。

① 県名に動物の名前が
あるのは何県？

たて

② 島根県で有名な、湖でとれる
小さな貝は何？

よこ

③ 神さまのふるさとと
よばれる、島根県出雲市
にある神社はどこ？

たて

④ 岡山県に伝説が残る
有名な昔話の
主人公の名前は何？

よこ

⑤ 焼きそばが入って
いることで有名な
お好み焼きは何県の名物？

よこ

⑥ 広島県の世界遺産に登録されている
厳島神社のある
島はどこ？

たて

⑦ 山口県出身で、
日本ではじめての
総理大臣は？

よこ

⑧ 地図で広島県の
北にある県はどこ？

よこ

広島県

マスの中の💧印の文字は、10ページの「神フェスへの招待状」を読むために必要だよ。パズルを完成させたら11ページの同じ番号の💧の中に文字を入れてね！

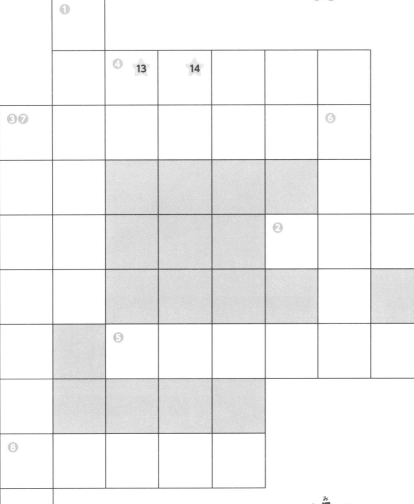

▶答えは126ページ

四国地方をのぞいてみよう

四国地方でもお祭りがさかんだね!

よ〜し!今度はぼくたちも参加してみよう!

ふたりともこっち向いて〜!

よさこい祭り(高知県)

阿波おどり(徳島県)

お祭り楽しかった!

ねえ見て!あの人たちどこに行くのかな?

あの人たちは「おへん路さん」だね

みかんジュース(愛媛県)

この四国地方にある88ヵ所のお寺(札所)をめぐっている人たちだよ

歩きおへん路は約50日かかるんだ

88ヵ所!

50日!

わたしはお寺めぐりよりもうどん屋さんめぐりがしたいな〜

うどん

さぬきうどん(香川県)

ミミらしいね…

いろいろな伝統工芸品がある

 香川 丸亀うちわ

 徳島 藍ぞめ

高知 土佐和紙

あたたかい気候で過ごしやすく、かんきつ系のくだものがよくとれるんだ。瀬戸内海はおだやかで、あまり波が立たないから船でたくさんの物が運ばれているため、工場も多いんだよ。

四国地方の神さま

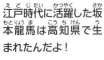

江戸時代に活躍した坂本龍馬は高知県で生まれたんだよ！

瀬戸内海

香川県

徳島県

愛媛県

高知県

魚がたくさんとれる！

徳島 タイ

香川 タコ

かんきつ系のくだものが多い！

愛媛 ブリ

高知 カツオ

 高知 ゆず

 徳島 すだち

 愛媛 みかん・いよかん

イズモのまめちしき 四国地方の4つの県は、今の県名と名前がちがったんだ。香川県は「讃岐」、徳島県は「阿波」、愛媛県は「伊予」、高知県は「土佐」とよばれる"4つの国"だったんだ。名産品のさぬきうどん（香川県）や、いよかん（愛媛県）などに受けつがれているよ。

アートの島・直島がある
香川県 _{か　がわ　けん}

👤 住んでいる人の数：約96万人

小豆島

◆ 小豆島

◆ 直島

オリーブ

全国3位
ニンニク

● 丸亀市　★ 高松市　● さぬき市

タコ

ブロッコリー

コシがあって
おいしい
さぬきうどん

伝統工芸品の
丸亀うちわ

金刀比羅宮 _{こと　ひら　ぐう}

金刀比羅宮とは琴平町の象頭山にある神社のことだよ。海の交通を守る神さまとして、漁師や船員がお参りにおとずれるんだ。「こんぴらさん」ともよばれているよ。

直島 _{なお　しま}

世界中からかんこう客がおとずれる直島は、島のいろいろな場所にアート作品がかざってあるよ。草間彌生さんの作品の水玉もようの大きなカボチャが有名だよ。

400年続く阿波おどりが有名
徳島県 _{とく　しま　けん}

👤 住んでいる人の数：約73万人

タイ

全国1位
すだち

鳴門市 ●

阿波市 ●

★ 徳島市

美波町 ●

全国3位
カリフラワー

きれいな青色の藍ぞめ

サツマイモ

美波町は
ウミガメの
産卵場所

阿波おどり _{あ　わ}

日本三大ぼんおどりのひとつとよばれる阿波おどりは、400年の歴史があると言われているんだ。代表的な阿波おどりのほかにも、力強く自由な男おどりもあるよ。

鳴門海きょう _{なる　と　かい}

鳴門市の大毛島・島田島と淡路島の間の海がせまくなった所。海の水流がうずまきになる「鳴門のうずしお」が有名で、大きいものは20〜30メートルもあるんだ。

坂本龍馬の生まれた県

高知県

住んでいる人の数：約70万人

全国1位
ゆず

高知市 ★

土佐市 ●

● 四万十市

● 土佐市

土佐闘犬

くり

全国1位
ニラ

全国1位
ナス

カツオ

質のよい水で作る
土佐和紙

よさこい祭り

高知市で毎年8月に行う伝統行事。「夜さり来い（夜にいらっしゃい）」という昔の言葉が変化して「よさこい」となったんだ。サンバやロックなどのふり付けがあるよ。

坂本龍馬

歴史上有名な坂本龍馬は、高知市上町で生まれたんだ。まちには坂本龍馬の記念館や銅像などがあるよ。龍馬の名前のついた「龍馬郵便局」もあるんだ！

四国地方で、いちばん住んでいる人が多い

愛媛県

住んでいる人の数：約135万人

全国1位
キウイフルーツ

● 今治市

松山市 ★

● 伊予市

● 八幡浜市

ソラマメ

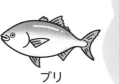
ブリ

120年の歴史がある今治タオル

サトイモ

かんきつ類

県の花がみかんになるほど、みかんがよくとれるよ。あたたかい気候であまくておいしいかんきつ類が育つんだ。いよかんやネーブルオレンジも育てているよ。

道後おんせん

道後おんせんは松山市にあるおんせんだよ。兵庫県の有馬おんせん、和歌山県の白浜おんせんとならんで日本三古湯と呼ばれているんだ。約3000年前からあったんだよ。

四国地方

四国地方の県はどれかな？

かんたん

神さまが四国地方の中にほかの地方の県を入れてしまったよ。四国地方の4つの県を❶〜❻の中から見つけよう！　それぞれの県のヒントを見るとわかりやすいよ。

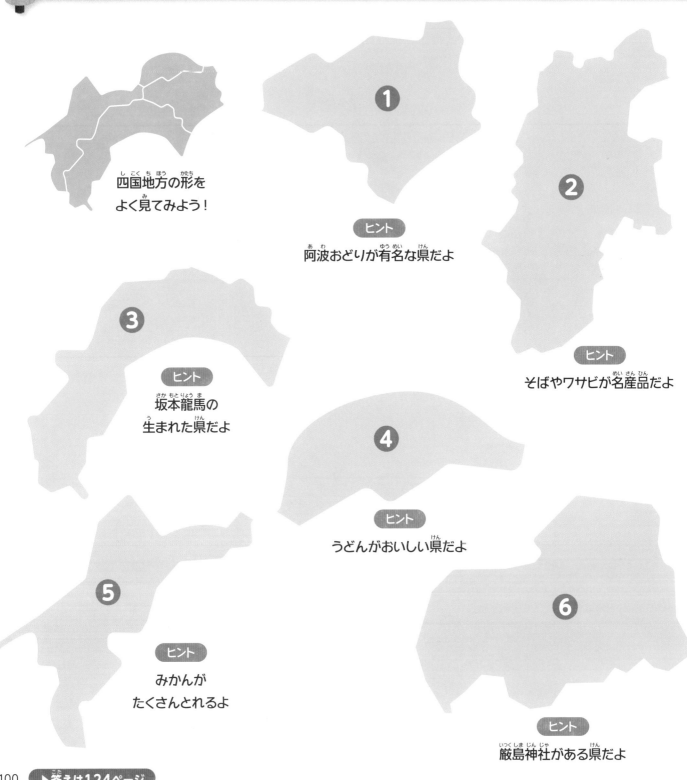

四国地方の形を
よく見てみよう！

❶
ヒント
阿波おどりが有名な県だよ

❷
ヒント
そばやワサビが名産品だよ

❸
ヒント
坂本龍馬の
生まれた県だよ

❹
ヒント
うどんがおいしい県だよ

❺
ヒント
みかんが
たくさんとれるよ

❻
ヒント
厳島神社がある県だよ

写真の中からまちがいをさがせ!

四国地方の思い出の写真と、ちがうところをさがしてみよう。上と下の写真でぜんぶで4つまちがいがあるよ。細かいところまでよく見てみてね。

徳島県
阿波おどり

香川県
さぬき
うどん

愛媛県
みかん

高知県
土佐闘犬

四国地方の名産品をぜんぶ届けよう！

四国地方のおみやげをぜんぶ神さまに届けてあげよう！
四国地方にはくだものや、やさいなどいろいろな食べ物があるね。

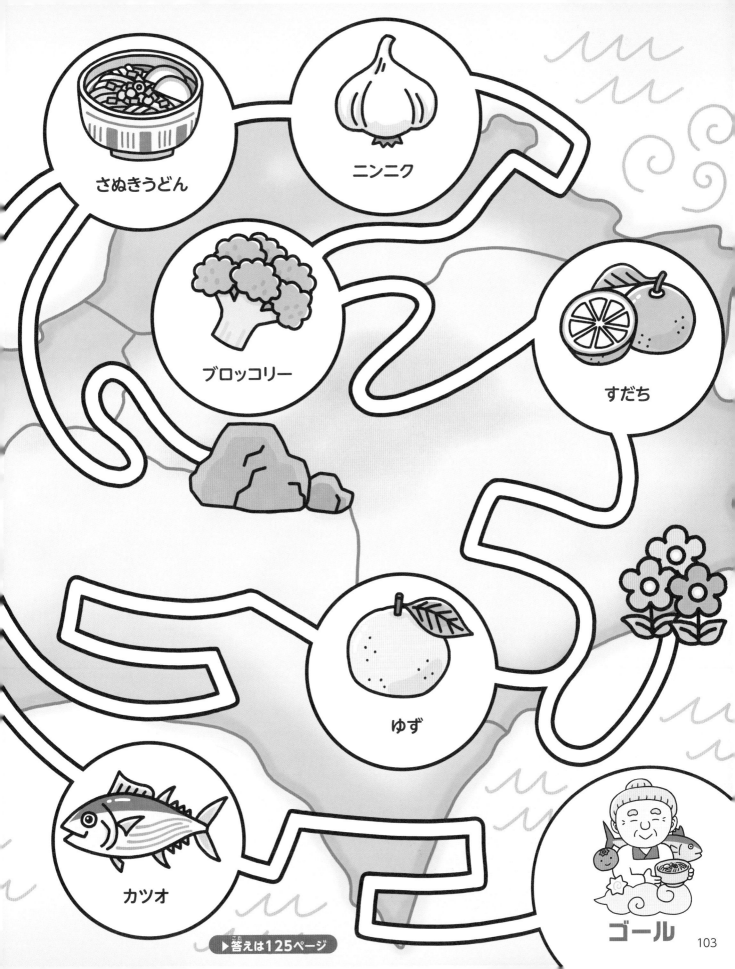

さぬきうどん

ニンニク

ブロッコリー

すだち

ゆず

カツオ

ゴール

▶答えは125ページ

きみは何問とけるかな？
四国地方おさらいクイズ

神さまから、四国地方のクイズが出されたよ！　①～⑧の答えを、右ページのマスの中にひらがなで書こう。　たて は上から下へ、 よこ は左から右へ書くよ。答えはすべてひらがなで書いてね。

① 地図で徳島県の
北にある県はどこ？

徳島県

よこ

② 愛媛県の
県庁所在地はどこ？

よこ

③ 香川県
特産のうどんは何？

たて

④ 高知県で有名な、みかんの仲間の
黄色いくだものは何？

たて

⑤ 徳島県でよくとれる、
食べるとオナラが出ちゃう
ほくほくのやさいは何？

たて

⑥ 香川県の名産品、
オリーブの生産地の
島はどこ？

よこ

⑦ 古い歴史のある道後おんせんは
何県にある？

道後温泉

よこ

⑧ 高知県でよくとれる、外はトゲトゲ、
中に茶色い木の実が入っている
あまい食べ物は？

たて

❸		❶					
			❽			❺	
	15★	❷					
❻		16★					
		17★				❹	
❼							

よく四国地方まで来たね〜 たいへんだったでしょう?

四国地方の神さま

ゆっくりしていきなさいね〜

うどんおいしい〜!

焼きいも食べる〜？

食べる〜

みかんもあるよ〜

ホラ、次の地方に行くよ〜!!

だら〜っ

あらあらあら

やだ〜 ずっとここにいる〜!

マスの中の★印の文字は、10ページの「神フェスへの招待状」のを読むために必要だよ。パズルを完成させたら11ページの同じ番号の★の中に文字を入れてね!

神さま見つけた!

▶答えは127ページ

九州・沖縄地方をのぞいてみよう

ついに九州・沖縄地方までやってきたよ！

ド〜ン！！

わ〜！

大きい木！

この大きな木は屋久島（鹿児島県）にある縄文杉だね

今から2000年以上前からあると言われているんだ！

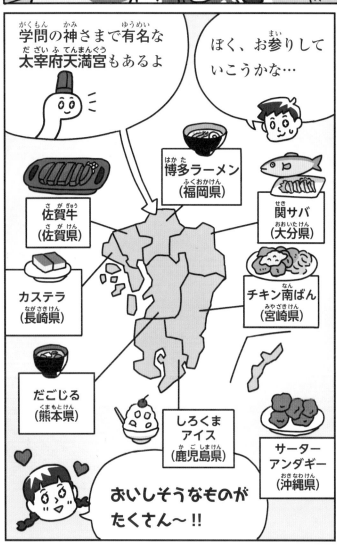

学問の神さまで有名な太宰府天満宮もあるよ

ぼく、お参りしていこうかな…

博多ラーメン（福岡県）

関サバ（大分県）

佐賀牛（佐賀県）

チキン南ばん（宮崎県）

カステラ（長崎県）

だごじる（熊本県）

しろくまアイス（鹿児島県）

サーターアンダギー（沖縄県）

おいしそうなものがたくさん〜!!

わ！

沖縄の守り神シーサーだね

ケンくん、どうしたの？

ヒソヒソ…

バーーン

沖縄の守り神になりたいんだって…

九州・沖縄のかんこう地

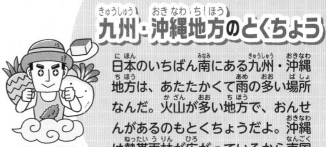

日本のいちばん南にある九州・沖縄地方は、あたたかくて雨の多い場所なんだ。火山が多い地方で、おんせんがあるのもとくちょうだよ。沖縄は熱帯雨林が広がっているから南国の食べ物が育ちやすいよ。

九州・沖縄地方の神さま

長崎 平和公園の平和祈念像

沖縄県の言葉で有名な「めんそーれ」は、いらっしゃい、ようこそなどあいさつとして使われるよ！

福岡 太宰府天満宮

佐賀 吉野ヶ里遺跡

熊本 熊本城

沖縄 首里城

世界遺産

おいしい伝統料理

熊本 だごじる **福岡** もつなべ

長崎 長崎ちゃんぽん

沖縄県

地図
福岡県
佐賀県
長崎県
大分県
熊本県
宮崎県
鹿児島県

自然がたくさんある

鹿児島 桜島

沖縄 サンゴしょう **大分** 別府おんせん **宮崎** 日南海岸

イズモのまめちしき 今の都道府県が決まるまで、九州・沖縄地方は9つに分かれていたんだ。そのなごりが今にのこっていて8県しかないけど9つの県の名前として九州とよばれているんだよ。

107

九州地方で住んでいる人がいちばん多い
福岡県

 住んでいる人の数：約510万人

北九州市

のり

全国 **1**位
タケノコ

福岡市

糸島市

太宰府市

きょう土料理の
もつなべ

タラコをトウガラシで
つけた**カラシ明太子**

博多どんたく祭り

毎年5月に行う福岡県を代表するお祭りだよ。どんたくパレードのまく開けをかざる「通りもん」は、行列という意味があって、有名なおかしの名前にもなっているよ。

太宰府天満宮

学問の神さま・菅原道真がまつられている太宰府市の神社だよ。菅原道真が好きだった梅の花が、たくさん植えられて、梅が見られる場所としても有名なんだ。

焼き物の産地として有名！
佐賀県

 住んでいる人の数：約81万人

呼子町

呼子のイカ

佐賀牛

伊万里市

吉野ヶ里町

有田町

佐賀市

全国 **2**位
アスパラガス

有明海

弥生時代に
人が住んでいた
吉野ヶ里遺跡

ムツゴロウ

有明海のムツゴロウはハゼの仲間で、どろの中に巣あなをほって生活しているよ。あなの中からジャンプして出てくるムツゴロウを「むつかけ」という方法でとるんだ。

伊万里焼・有田焼

400年の歴史のある伊万里焼と有田焼。かたくてじょうぶ、さわるとつるつるとしたとくちょうがあるよ。伊万里市で作ったものを伊万里焼、有田町で作ったものを有田焼とよんでいるんだ。

日本でいちばん島が多い県
長崎県

住んでいる人の数：約134万人

きょう土料理の
長崎ちゃんぽん

全国1位
アジ

対馬にしかいない
ツシマヤマネコ

◆ 対馬

壱岐島 ◆

全国1位
びわ

● 佐世保市

◆ 五島列島

★ 長崎市

平和公園の平和祈念像

1945年8月9日、原子ばくだんが長崎市に落とされ多くの人の命がうばわれたんだ。この悲しいできごとを二度とくり返さず、平和を願う思いから建てられたよ。

長崎くんち

九州三大祭りのひとつで長崎市で開さいされているよ。ポルトガルやオランダ、中国やベトナムなど外国の伝統をとり入れた行事が有名なんだ。

九州地方の中央にある
熊本県

住んでいる人の数：約175万人

クルマエビ

全国1位
トマト

● 阿蘇市

★ 熊本市

八代平野で作られるい草

● 天草市

● 水俣市

スイカ

きょう土料理の
カラシレンコン

熊本城

熊本市にあるおしろで400年の歴史があるよ。日本を代表する城のひとつだけど、2016年の熊本地震で大きなひがいを受けて、今はもとにもどす工事をしているよ。

だごじる

だごじるは熊本弁でだんごのしるという意味で、農作業でいそがしい人たちが、手軽に食べられる、はら持ちのよいきょう土料理だよ。地いきで味付けがちがうのもとくちょうなんだ。

九州・沖縄地方

日本一おんせんがある県
大分県

住んでいる人の数：約114万人

全国1位
かぼす

● 宇佐市

● 別府市

由布市 ●

★ 大分市

全国1位
ナメコ

関サバ

全国1位
ほしシイタケ

ヒオウギ貝

ホタテのように大きな貝柱があり、にじのようにいろんな色のからがとくちょうなんだ。ホタテににた味で食用としても育てられ、からで作る工芸品もとても有名だよ。

別府おんせん

別府市にあるかんこう地で、市内には100カ所以上のおんせんがあるよ。土の中から湯がわき出る量が日本一で、おんせんの種類がたくさんあることでも有名だよ。

あたたかな気候の南国
宮崎県

住んでいる人の数：約108万人

全国2位
ズッキーニ

全国1位
キュウリ

● 高千穂町

● 西都市

宮崎市 ★

全国2位
マンゴー

● 日南市

夜通し行われる
高千穂町の夜神楽

高千穂峡

高千穂町の五ヶ瀬川にかかる深い谷のことだよ。日本神話に登場する場所として、パワースポットにもなっているんだ。国の天然記念物に指定されているよ。

日南海岸

南国の木や花と、大きな海が見られる日南海岸だよ。日南海岸国定公園の中には、ハワイのイースター島長老会がみとめたモアイ像が7体あるんだ。

九州地方でいちばん南にある
鹿児島県

👤 住んでいる人の数：約161万人

西郷隆盛の
生まれた場所

サツマイモを
食べて育つ黒ブタ

サツマイモ

鹿児島市 ★

桜島

奄美大島 ◆

奄美群島

全国1位
ウナギ

日本でいちばん大きな
ロケット発しゃ場の
種子島宇宙センター

◆ 種子島

屋久島 ◆

屋久島の屋久杉

屋久島の標高500メートル以上の山地に生えている屋久杉は、じゅれい1000年以上の杉だよ。中には2000年以上たっていると言われる「縄文杉」もあるよ。

桜島

「ふん火により海面にサクラの花がうかんで島ができた」という伝説から、名前が桜島になったそう。年間800回ほどふん火していて、けむりを見ることもできるよ。

日本の最南端に位置する
沖縄県

👤 住んでいる人の数：約144万人

シーサー

全国1位
ゴーヤ

沖縄島
（沖縄本島）

沖縄市

サンゴしょう

宮古島市

宮古列島

那覇市 ★

全国1位
サトウキビ

全国1位
パイナップル

八重山列島

西表島 ◆

石垣市

ハイビスカス

イリオモテヤマネコとヤンバルクイナ

西表島にいるイリオモテヤマネコは、体のもようがとくちょう。ヤンバルクイナはほとんど飛ぶことができない鳥なんだ。どちらもぜつめつのき機がある動物だよ。

首里城

世界遺産

琉球王国の歴史を表した建物だよ。中国と日本の文化をあわせたつくりで、世界遺産にも登録されているよ。2019年に火災が起き、建て直す計画がすすんでいるんだ。

九州・沖縄地方

沖縄かるたを完成させよう!

沖縄県の有名なものがわかる「沖縄かるた」を見つけたよ! 右の読み札の意味を表す絵札をさがして、一文字目を〇の中にひらがなで入れて、かるたを完成させてね。

絵札

読み札

い イリオモテヤマネコは西表島で発見されたネコ科の動物

ぱ パイナップルはすっぱくておいしい南国のくだもの

さ サトウキビは沖縄県で作られているさとうのもとになる植物

ご ゴーヤはウリの仲間で沖縄県を代表するやさい

め めんそーれは沖縄県の言葉で、「いらっしゃい」の意味で使われるあいさつ

な 那覇市は沖縄県の県庁所在地

は ハイビスカスは赤くてきれいな沖縄県の有名な花

し 首里城は沖縄県の歴史ある建物で世界遺産にも登録されている

▶答えは125ページ

名産品は何種類あるかな?

いち枚の写真がバラバラになってしまったよ。
写真にある九州・沖縄地方の名産品はぜんぶで何種類あるかな?

▶答えは125ページ

113

むずかしい

九州・沖縄地方の名産品しりとり

しりとりをしてすすみながら、九州と沖縄で有名なものを集めよう。ゴールにいる神さまをめざしてすすんでね！　「ぎ」などは、音に「゛」を取った音（「き」）でもすすめるよ。

スタート

伊万里焼・有田焼が名産品で
ムツゴロウが有名な
九州地方の県の名前

（県）

宮崎県でよくとれる
くだものだよ。
オレンジ色であまくて
おいしいんだ

熊本県でよくとれる
夏に食べるくだもので、
緑と黒のもようが
とくちょうだよ

みかんやゆずの仲間で
大分県でよくとれるくだものだよ

西郷隆盛が
生まれた場所で
九州地方の県の名前。
ウナギとサツマイモが
名産なんだ

（県）

114

日本のいちばん南にある県でとれる
にがみがとくちょうの緑色のやさいだよ

鹿児島県の屋久島に生えている
とても長生き木の名前だよ

「北」からはじまる
福岡県の市の名前だよ

ゴール

沖縄県で有名な置き物の名前。
守り神として
屋根の上などにかざられているよ

鹿児島県にある、とても有名な火山の名前だよ。
花の名前が入っているよ

きみは何問とけるかな？
九州・沖縄地方 おさらいクイズ

神さまから、九州・沖縄地方のクイズが出されたよ！ ❶〜❽の答えを、右ページのマスの中にひらがなで書こう。
たて は上から下へ、よこ は左から右へ書くよ。答えはすべてひらがなで書いてね。

❶ 地図で宮崎県の西にある県はどこ？

よこ

❷ 学問の神さまがいる、福岡県太宰府市にある神社は？

たて

❸ 佐賀県で有名な、有明海にいる魚は何？

よこ

❹ 長崎県のきょう土料理で、たくさんの具材が入っためん類は何？

よこ

❺ 赤くて丸い、大きなものから小さなものまである、熊本県で有名なやさいは何？

たて

❻ 宮崎県の県庁所在地はどこ？

よこ

❼ うさぎと一文字ちがいの、鹿児島県で有名な魚は何？

よこ

❽ 大分県でよくとれる赤や黄色などのきれいな貝の名前は？

よこ 　貝

マスの中の☆印の文字は、10ページの
「神フェスへの招待状」を読むために
必要だよ。パズルを完成させたら11
ページの同じ番号の☆の中に文字を入
れてね！

ようこそ！九州・沖縄地方へ！

九州・沖縄地方の
神さま

九州グルメツアーに出発だ！！

次は沖縄のビーチを
楽しもう！

えーっと次は…

た、楽しいけど
いそがしい…！！ｯ

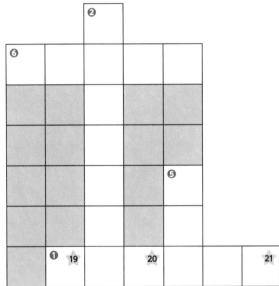

神さま見つけた！

▶答えは127ページ

日本ちず大ぼうけんの旅はおわり…!?

おにいちゃん、
そろそろ帰らなくっちゃ…

え〜〜っ

みんなと会えて
楽しかったけど帰るよ！

またね〜!!

じゃ〜ね!

「神フェス」
最高だったな〜

わたしもう
おなかいっぱい！

神さまさがしの旅は
たいへんだったけど…

日本中に楽しい場所が
たくさんあったね！

だから旅が
終わっちゃうと
すこし
さびしいね…

お〜い！

ん？

うん、地図のひみつも
勉強できたし

今まで知らなかったこと
たくさん知ることができて
おもしろかった!!

18-19ページ

メモを持っているのは おまわり さん

23ページ

26ページ

27ページ

34-35ページ

タマネギ
ニンジン
アスパラガス
トマト
トウモロコシ
ジャガイモ
メロン
ウニ
タコ
サケ
紅ズワイガニ
バター
ぎゅうにゅう
牛乳
チーズ

36-37ページ

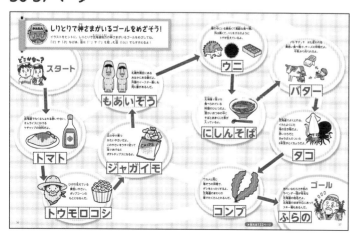

45ページ

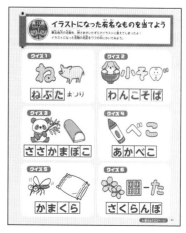

46-47ページ

56-57ページ

❶東京スカイツリー　❷鎌倉大仏　❸ラッカセイ　❹高崎だるま
❺こいのぼり　❻筑波宇宙センター　❼日光東照宮

58-59ページ

ワシは関東地方でかんこうを楽しんでるぞ～！
高さ634メートルもある東京スカ[イ]ツリーに登ってきたぞ。
お昼は[と]ちぎ県のおいしい、いち[ご]を食べたんじゃ。
イズモにもおみやげを買ったからの。
これからワシは、有名なおんせん地の
[く]さ[つ]おんせんに行ってくるぞ。

関東地方の神さまより

神さまがいるのは [ぐ][ん][ま] 県

69ページ

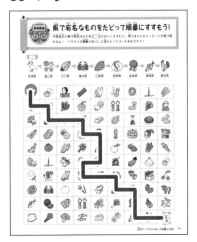

70-71ページ

❶ 11　❽ 6
❷ 18　❾ 10
❸ 8　❿ 12
❹ 7　⓫ 9
❺ 1　⓬ 25
❻ 16　⓭ 19
❼ 13　⓮ 4

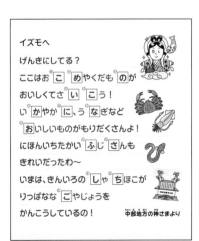

イズモへ
げんきにしてる？
ここはお[こ]めやくだも[の]が
おいしくてさ[い][こ]う！
い[か]やか[に]、う[な]ぎなど
[お]いしいものがもりだくさんよ！
にほんいちたかい[ふ][じ]さんも
きれいだったわ～
いまは、きんいろの[し][ち]ほこが
りっぱなな[ご]やじょうを
かんこうしているの！

中部地方の神さまより

80-81ページ

82-83ページ

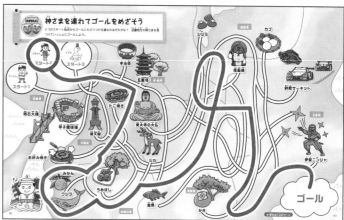

ゴールにたどりつけるのはミミちゃん

91ページ

トビウオ
フグ
タイ
カブトガニ
ブリ
マツバガニ
カキ

92-93ページ

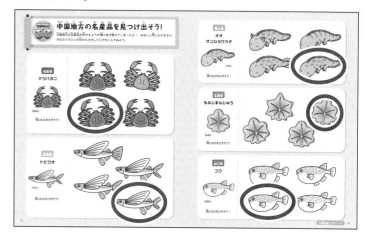

100ページ

101ページ

124

102-103ページ

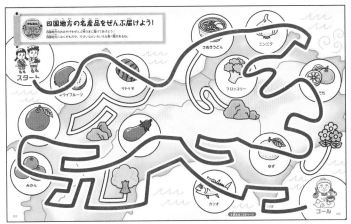

112ページ

113ページ

ぜんぶで5種類(パイナップル　マンゴー　スイカ　ビワ　サツマイモ)

114-115ページ

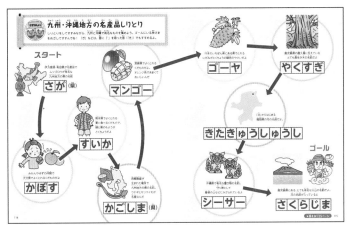

わかるかな？ ミニ問題

55ページ 関東地方	68ページ 中部地方	79ページ 近畿地方	90ページ 中国地方
問題1 ①	問題1 ②	問題1 ②	問題1 ②
問題2 ①	問題2 ①	問題2 ③	問題2 ③
問題3 ③	問題3 ③	問題3 ②	問題3 ①
問題4 ③	問題4 ②	問題4 ③	問題4 ②

北海道地方

```
ほ
っ あ さ ひ か わ
か    っ
い    ぽ
ど ほ ろ
う し ゆ
   ば き
   た ま ね ぎ
   ー
   つ り
```

東北地方

```
            ね
            ぶ
            た
      や    ま
      ま    つ
      が    り
あ き た け ん
か    け    ご
べ わ ん こ そ ば
こ き り た ん ぽ
だ て ま さ む ね
```

関東地方

```
と          な ぐ
う こ       し ん    れ
き ど ざ い た ま け ん
ょ も ち ー    け ん こ ん
う の ー ん       ん
す ひ ず
か
い わ ざ る
つ り ー
```

近畿地方

```
い せ え び
が       わ か や ま し
   た こ や き    ひ
   き ん ぎ   ょ う
         か   く ご
         じ   け ん
```

中部地方

```
            す
            い
            か
ふ ほ た る い か
じ う な ぎ な
さ    ご ふ が
ん    や し の
      じ    け
      ょ    ん
き ょ う り ゅ う
に い が た け ん
```

中国地方

```
と
っ も も た ろ う
い と ひ ろ ぶ み
ず り          や
も け       し じ み
お             ま
お ひ ろ し ま け ん
や
し ま ね け ん
ろ
```

126

四国地方 104-105 ページ　　九州・沖縄地方 116-117 ページ

四国地方 104-105 ページ

③さ ①か が わ け ん
ぬ ⑧く ⑤さ
き り つ
う ⑮⑫ま つ や ま し
⑥しょうど⑯し ま い
⑰ん も ④ゆ
⑦え ひ め け ん ず

九州・沖縄地方 116-117 ページ

②だ
⑥み や ざ き し
い
ふ
て ⑤と
ん ま
①⑲く ま も⑳と け ん㉑
④な が⑱さ き ちゃ ん ぽ ん
⑧ひ お う ぎ ぐ
③む つ ご ろ ⑦う な ぎ

10-11ページ

【参考文献】
『こども日本地図 2020年版』永岡書店
『朝日ジュニア学習年鑑　別冊 イラストマップとデータでわかる日本の地理』朝日新聞出版
『オールカラー楽しく覚える！　都道府県』長谷川康男監修　ナツメ社
総務省統計局HP / 農林水産省HPなど

監修

梅澤真一 （うめざわしんいち）

筑波大学附属小学校主幹教諭。専門は小学校社会科教育。日本社会科教育学会、全国社会科教育学会、日本地理教育学会に所属。東京書籍『新しい社会』教科書編集委員。価値判断力・意思決定力を育成する社会科授業研究会代表。著書に『「深い学び」をつくる社会科授業5年』（東洋館出版社）、共著に『筑波発社会を考えて創る子どもを育てる社会科授業』（東洋館出版社）、『「現代的な課題」に取り組む道徳授業：価値判断力・意思決定力を育成する社会科とのコラボレーション』（図書文化）、『教科のプロが教える「深い学び」をうむ授業づくりの極意』（東洋館出版社）、監修に『小学総合的研究わかる社会 改訂版』（旺文社）、『消防署図鑑』（金の星社）などがある。

スタッフ

編集	樋口紗季、西村彩加 （スタジオダンク）
デザイン	佐藤明日香 （スタジオダンク）
マンガ・キャラクター	松尾達
イラスト	あだちゆう、タナカタケシ、ひらいうたの
地図	株式会社 ジェオ
企画・編集	端香里 （朝日新聞出版　生活・文化編集部）

47都道府県が記憶にのこる！
日本ちず大ぼうけん

2020年4月30日　第1刷発行

監　修	梅澤真一	
発行者	橋田真琴	
発行所	朝日新聞出版	
	〒104-8011　東京都中央区築地5-3-2	
	電話　（03）5541-8996（編集）	
	（03）5540-7793（販売）	
印刷所	図書印刷株式会社	

© 2020 Asahi Shimbun Publications Inc.
Published in Japan by Asahi Shimbun Publications Inc.
ISBN 978-4-02-333321-5